The United Kingdom

2016 Brexit referendum

1973
Britain joins the EEC

1994
Britain hands Hong Kong back to China

n
eatles

1979-1990
Margaret Thatcher PM

1997-2007
Tony Blair PM

2010-2016
Davis Cameron

2007-2010
Grodon Brown

2016-2019
Theresa May

1952-today : Elizabeth II

2000

2019-today
Boris Johnson

: Cold War

2008-2017
Barack Obama

2000-2008
George W. Bush

2017-today
Donald Trump

1969
Apollo 11 lands the first men on the moon

2001 (9/11)
World Trade Center attacks

2008
Barack Obama, first African-American President

(Nov.)
edy assassinated

1920 Independence of the Republic of Ireland

1914 Britain declares war on Germany

Empress of India

1928 Voting rights for women (over 21)

1939 Britain declares war on Germany

1947 Independence of India

1960 Formatio
of The B

1940-1945 Winston Churchill PM

1910-1936 : George V

1900

1929-1939 Great Depression

1946-1991

1933-1945 Franklin D. Roosevelt

1950-1975 Vietnam War

1917 US enters WW1

1941 US declares war on Japan

1959 Alaska and Hawaii become the 49th and 50th states

1831-1890 Sitting Bull

1931 Charlie Chaplin, *City Lights*

1963 (Aug.) Martin Luther King's speech « I have a dream »

196:
Ken

The United States of America

Lake Superior
Lake Michigan
Lake Huron
Lake Ontario
Lake Erie
MINNESOTA
WISCONSIN
MICHIGAN
MICHIGAN
IOWA
ILLINOIS
INDIANA
OHIO
PENNSYLVANIA
NEW YORK
VERMONT
MAINE
NEW HAMPSHIRE
MASSACHUSETTS
RHODE ISLAND
CONNECTICUT
NEW JERSEY
DELAWARE
MARYLAND
WASHINGTON DC
WEST VIRGINIA
VIRGINIA
KENTUCKY
MISSOURI
NORTH CAROLINA
TENNESSEE
SOUTH CAROLINA
HOMA
ARKANSAS
MISSISSIPPI
ALABAMA
GEORGIA
LOUISIANA
FLORIDA
ATLANTIC OCEAN
Gulf of Mexico
THE BAHAMAS
CUBA
500 km

The Burning of the Houses of Lords and Commons, Turner, 1834

1851
Death of painter William Turner

1877 Victoria

1815
-erloo

1812-1870
Charles Dickens

n

1837-1901 : Victorian Era
(Gladstone and Disraeli Prime Ministers)

1861-1865
Civil War

1803-1861 Westward Expansion

1860-1865
Abraham Lincoln

-gton,

1839
Edgar Allan Poe, *Tales of the Grotesque and Arabesque*

1848
Beginning of the Gold Rush

1865
Lincoln assassinated

1869
Transcontinental Railroad

1851
Herman Melville, *Moby Dick*

1564-1616
William Shakespeare

1642 Beginning of the Civil War

1649-1658 Oliver Cromwell,
Lord Protector of the Republic

1603
Union with Scotland

1679 Habeas Corpus Act

1726 Jonathan Swift,
Gulliver's Travels

1666
Great Fire
of London

1714

1763 Conquest of
India and Canada

1558-1603
Elizabeth I

1660-1685
Charles II (Restoration)

1760-1801 George III

1760-1820
Industrial Revolution

TUDOR BRITAIN

STUART BRITAIN

1600

1700

1800

1776-1783
War of Independence

1620
Plymouth Colony established
by pilgrims from England

1789
George Washington
first President

1776
Declaration
of Independence

The Mayflower in Plymouth Harbor,
William Halsall, 1882

Verbes irréguliers

base verbale	prétérit	participe passé	traduction
be	was / were	been	être
bear	bore	borne	supporter
beat	beat	beaten	battre
become	became	become	devenir
begin	began	begun	commencer
bet	bet	bet	parier
bite	bit	bitten	mordre
break	broke	broken	briser
bring	brought	brought	apporter
build	built	built	bâtir
burn	burnt	burnt	brûler
burst	burst	burst	éclater
buy	bought	bought	acheter
catch	caught	caught	attraper
choose	chose	chosen	choisir
come	came	come	venir
cost	cost	cost	coûter
cut	cut	cut	couper
deal	dealt	dealt	distribuer, traiter
do	did	done	faire
draw	drew	drawn	dessiner
dream	dreamt	dreamt	rêver
drink	drank	drunk	boire
drive	drove	driven	conduire [voitures]
eat	ate	eaten	manger
fall	fell	fallen	tomber
feed	fed	fed	nourrir
feel	felt	felt	(se) sentir, éprouver
fight	fought	fought	combattre
find	found	found	trouver
fly	flew	flown	voler, aller en avion
forbid	forbade	forbidden	interdire

base verbale	prétérit	participe passé	traduction
forget	forgot	forgotten	oublier
forgive	forgave	forgiven	pardonner
get	got	got	obtenir, devenir
give	gave	given	donner
go	went	gone	aller
grow	grew	grown	grandir, faire pousser
hang	hung	hung	pendre, accrocher
have	had	had	avoir
hear	heard	heard	entendre
hide	hid	hidden	(se) cacher
hit	hit	hit	frapper, atteindre
hold	held	held	tenir
hurt	hurt	hurt	faire mal (à)
keep	kept	kept	garder
know	knew	known	savoir, connaître
lay	laid	laid	poser à plat
learn	learnt	learnt	apprendre
leave	left	left	laisser, quitter, partir
lend	lent	lent	prêter
let	let	let	laisser, permettre
lie	lay	lain	être étendu
lose	lost	lost	perdre
make	made	made	faire, fabriquer
mean	meant	meant	signifier, vouloir dire
meet	met	met	(se) rencontrer
pay	paid	paid	payer
put	put	put	mettre
read	read	read	lire
ride	rode	ridden	aller (à cheval, à bicyclette)
ring	rang	rung	sonner
rise	rose	risen	s'élever
run	ran	run	courir
say	said	said	dire

ans
ing)

U

1215
Foundation
of Oxford and Cambridge

1348-1349
The Black Death

153
Henry VIII, Hea
of the Church of Englan

1485

1337-1453
Hundred Years' War

ANGLO-NORMAN BRITAIN

TU

1200 1300 1400 1500

1492
Christopher Columbus
discovers America

500 BC – **43** – **122** Construction of Hadrian's Wall – **410** – **597** Christianity arrives in Britain (St Augustine) – **866** Invasion of the Great Danish Vikings – **1066** Invasion of the Norm (William I crowned K – **1066-1082** Bayeux Tapestry – **1154** – **1189** Richard the Lionheart, King of England

GREAT BRITAIN

CELTIC BRITAIN

ROMAN BRITAIN

ANGLO-SAXON BRITAIN

VIKING BRITAIN

NORMAN BRITAIN

100 BC | 100 AD | 1100

THE USA

NATIVE AMERICANS (INDIAN CULTURES)

base verbale	prétérit	participe passé	traduction
see	saw	seen	voir
sell	sold	sold	vendre
send	sent	sent	envoyer
set	set	set	fixer, poser
shake	shook	shaken	secouer
shine	shone	shone	briller
shoot	shot	shot	tirer, fusiller
show	showed	shown	montrer
shut	shut	shut	fermer
sing	sang	sung	chanter
sit	sat	sat	être assis
sleep	slept	slept	dormir
smell	smelt	smelt	sentir [odorat]
speak	spoke	spoken	parler
spell	spelt	spelt	épeler
spend	spent	spent	passer [temps], dépenser [argent]
spread	spread	spread	étaler, étendre
stand	stood	stood	être debout
steal	stole	stolen	voler, dérober
strike	struck	struck	frapper
swear	swore	sworn	jurer
sweep	swept	swept	balayer
swim	swam	swum	nager
take	took	taken	prendre
teach	taught	taught	enseigner
tell	told	told	dire, raconter
think	thought	thought	penser
throw	threw	thrown	jeter, lancer
understand	understood	understood	comprendre
wake (up)	woke (up)	woken (up)	(se) réveiller
wear	wore	worn	porter [vêtements]
win	won	won	gagner
write	wrote	written	écrire

FICHES BREVET

3e

NOUVEAU BREVET

Anglais

Corinne Touati
Professeur d'anglais

Hatier

Crédits photographiques
p.33 : ph © Columbia Pictures/The Kobal Collection/Aurimages • p.34 : ph © anna_shepulova/Fotolia • p.35 : ph © VCG/Getty Images • p.36 : ph ©¬ G. P. Lewis/ IWM/Getty Images • p.37 : ph © Claire Takacs/Getty Images • p.39 : ph © Sébastien Lapointe - CC BY-SA 3.0 • p.40 : ph © Boris Kasimov - CC BY 2.0

Crédits photographiques pour le dépliant
Détail de la tapisserie de Bayeux ph © Musée de la Tapisserie de Bayeux • Le chef sioux Sitting Bull ph© The Library of Congress • W. Shakespeare ph © Wikimédia communs • Christophe Colomb ph © Wikimédia communs • Le Mayflower in Plymouth Harbor ph © Wikimédia communs • Abraham Lincoln ph © The Library of Congress • photo de la Reine Victoria ph © Wikimédia communs • Turner, The Burning of the House of Parliament ph © Wikimédia communs • J. F. Kennedy ph © White House Press Office • W. Churchill ph © The Library of Congress

Maquette de principe : Frédéric Jély
Mise en pages : STDI
Iconographie : Hatier illustration
Édition : Eva Baladier et Damien Lagarde

ISBN 978-2-401-06176-7

SOMMAIRE

Quand vous avez révisé une fiche, cochez la case ❐ correspondante !

Réussir son évaluation

1 Réussir son évaluation à l'oral ❐ 7
2 Réussir son évaluation à l'écrit ❐ 9

Communiquer

3 Saluer, prendre congé, remercier ❐ 11
4 Exprimer ses goûts, son admiration ❐ 13
5 Souhaiter, regretter, refuser ❐ 15
6 Formuler un reproche, se plaindre ❐ 16
7 Exprimer la capacité, l'obligation ❐ 17
8 Autoriser, interdire ❐ 18
9 Conseiller, proposer ❐ 19
10 Exprimer son accord, son désaccord ❐ 20
11 Exprimer son opinion ❐ 21
12 Exprimer une conviction, un doute ❐ 22
13 Organiser ses idées ❐ 23
14 Utiliser le mot juste ❐ 25
15 Ne pas confondre (1) ❐ 27
16 Ne pas confondre (2) ❐ 29
17 **QUIZ** *EXPRESS* ❐ 31

Rencontrer d'autres cultures

18 Les réseaux sociaux ❐ 33
19 Alimentation et santé ❐ 34
20 La lutte contre le tabagisme ❐ 35
21 L'entrée des femmes dans le monde du travail ❐ 36
22 La nature dans la ville ❐ 37

23 Le folklore irlandais .... ❐ 38
24 Les cultures du Grand Nord canadien .... ❐ 39
25 Musiques d'aujourd'hui .... ❐ 40
26 **QUIZ** *EXPRESS* .... ❐ 41

Réviser : le groupe nominal

27 Le pluriel des noms .... ❐ 43
28 Les articles .... ❐ 44
29 *Some, any, no* et leurs composés .... ❐ 45
30 *A lot of, much, many, a little, a few...* .... ❐ 46
31 Les nombres .... ❐ 47
32 Les pronoms personnels et réfléchis .... ❐ 48
33 Le génitif. Les possessifs .... ❐ 49
34 L'adjectif qualificatif .... ❐ 51
35 Comparatif et superlatif .... ❐ 52
36 **QUIZ** *EXPRESS* .... ❐ 53

Réviser : le verbe

37 *Be* .... ❐ 55
38 *Have* .... ❐ 57
39 Le présent simple .... ❐ 59
40 Le présent en *be* + *V-ing* .... ❐ 60
41 Le prétérit. *Ago* .... ❐ 61
42 Le *present perfect. For* et *since* .... ❐ 63
43 Le *past perfect* .... ❐ 65
44 L'expression de l'avenir .... ❐ 66
45 Les modaux .... ❐ 67
46 *Would* et *should* .... ❐ 69
47 *Used to* et *would* .... ❐ 70
48 La voix passive .... ❐ 71
49 **QUIZ** *EXPRESS* .... ❐ 73

Réviser : la phrase

50 Le gérondif (forme en *V-ing*) . . . . ❒ 75

51 Infinitif (*to* + verbe) ou base verbale ? . . . . ❒ 77

52 Adjectif + préposition. . . . . ❒ 78

53 Verbe + préposition . . . . ❒ 79

54 Les questions en *wh-* . . . . ❒ 81

55 Les questions en *how*. . . . . ❒ 82

56 Les *tags* et réponses brèves . . . . ❒ 83

57 Les pronoms relatifs. . . . . ❒ 85

58 Discours direct et discours indirect . . . . ❒ 87

59 La concordance des temps avec *if*. . . . . ❒ 89

60 Les adverbes . . . . ❒ 90

61 Les mots de liaison (1). . . . . ❒ 91

62 Les mots de liaison (2). . . . . ❒ 93

63 **QUIZ** *EXPRESS* . . . . ❒ 95

DÉPLIANT ET COUVERTURE

- Une frise chronologique
- Des cartes clés
- Des tableaux de verbes irréguliers
- Des tableaux de vocabulaire

NOTEZ BIEN !

Cet ouvrage est associé à des fichiers audio signalés par ce pictogramme et disponibles sur le site www.editions-hatier.fr.

1. Dans la zone de recherche du site, tapez « Fiches brevet anglais 3e ».
2. Dans la fiche article, cliquez sur l'onglet « Ressources à télécharger ».

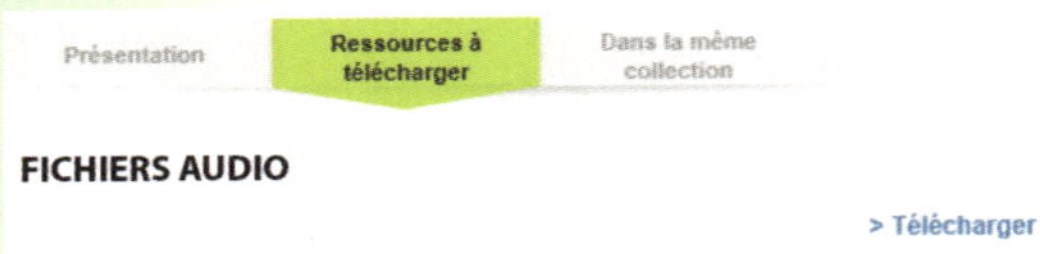

3. Téléchargez le répertoire contenant tous les sons.
4. Jouez les sons correspondant aux dialogues ou aux podcasts que vous voulez écouter.

Réussir son évaluation à l'oral

1

☐ OK

En cours ou en fin d'année, vous serez évalué(e) dans les trois compétences orales définies par le CECRL. Le niveau requis est le niveau A2/B1 (le niveau B1 sanctionne des compétences plus avancées à partir de documents plus complexes et plus abstraits). Voici quelques conseils pour vous aider à réussir cette évaluation.

I Écouter et comprendre

1 Compétence attendue

Vous devez être capable de comprendre dans un document audio des informations simples ; les noms des interlocuteurs et le sujet d'un dialogue ; des instructions relatives à un trajet ou des consignes à suivre ; le sujet d'un journal télévisé ou d'une émission à la radio.

2 Quelques conseils

- Repérez le nombre d'interlocuteurs et la nature du document. Faites attention aux bruits : ils vous aident à situer le contexte. Notez les intonations de voix et les sentiments qu'elles expriment.
- Relevez les informations essentielles : noms propres, adresses, horaires, prix, numéros de téléphone. Pour comprendre des prix ou des chiffres, répétez-les dans votre tête avant de les écrire. ▶ FICHE 31 Les mots transparents et le contexte vous aideront à interpréter ce que vous ne comprenez pas.
- Pour améliorer votre compréhension orale, regardez vos séries préférées en version originale, avec les sous-titres en français, puis avec les sous-titres anglais. Conservez un carnet à côté de vous où vous noterez les mots nouveaux pour acquérir un vocabulaire plus varié. ▶ FICHES 14, 15 ET 16

II Réagir et dialoguer

1 Compétence attendue

Vous devez être capable, au cours d'un entretien, de comprendre les questions simples qu'on vous posera et d'y répondre clairement. On vous demandera par exemple de parler de votre vie quotidienne, de donner votre avis sur un livre, de résumer un film, d'exprimer une opinion ou vos sentiments.

2 Quelques conseils

- Au moment de l'entretien, utilisez les formules de politesse usuelles. ▶ FICHE 3 N'oubliez pas de **regarder votre interlocuteur** dans les yeux. Pour capter son attention, vérifiez votre posture, variez votre intonation et soyez attentif à ses réactions ! N'hésitez pas à exprimer vos doutes, ▶ FICHE 12 votre accord ou votre désaccord ! ▶ FICHE 10
- Utilisez des ***breathers*** pour éviter les blancs : *What I mean is…, Actually, In fact…*
- Faites répéter ce que vous n'avez pas compris : *I beg your pardon. Sorry, I don't know this word* ou *Could you please repeat the question? Sorry, I don't understand the question.*
- Pour améliorer votre expression orale, faites des **listes de vocabulaire par thèmes**, en sachant que vous aurez sans doute pendant l'entretien à exprimer vos goûts ▶ FICHE 4 ou votre opinion. ▶ FICHE 11

III Parler en continu

1 Compétence attendue

- Vous devez être capable de faire une **présentation** où vous raconterez un événement, présenterez un personnage ou exposerez un projet.

2 Quelques conseils

- **Organisez vos idées** de manière claire et logique en employant les mots de liaison nécessaires. ▶ FICHES 61 ET 62
- Faites des phrases simples **que vous mémoriserez pour ne pas lire vos notes** trop souvent pendant votre exposé. Mettez certains mots en valeur et ne cherchez pas à parler trop vite.
- Utilisez un langage fluide et bien rythmé. Évitez de trop bouger à cause du stress, et bien sûr surveillez votre temps de parole.
- Si vous présentez un personnage historique, soulignez les événements clés de sa biographie : *He / She was born in* (lieu) *in* (année), *He / She died in* (année), *He / She was famous / well-known because… He / She married* (nom) *in* (année).
- Pensez à réviser régulièrement les verbes irréguliers !

Réussir son évaluation à l'écrit

2

☐ OK

En cours ou en fin d'année, vous serez évalué(e) dans les deux compétences écrites définies par le CECRL. Le niveau requis est le niveau A2/B1 (le niveau B1 sanctionne des compétences plus avancées à partir de documents plus complexes et plus abstraits). Voici quelques conseils pour vous aider à réussir cette évaluation.

I Lire

1 Compétence attendue

Vous devez être capable de lire et comprendre le sens général d'un document écrit (court texte, petite annonce, menu...). On vous demandera par exemple de comprendre des consignes et instructions écrites, une lettre personnelle ou un récit simple ; de prélever des informations dans un texte ou sur Internet.

2 Quelques conseils

- Prenez le temps d'identifier la nature du document : petite annonce, publicité, menu, email, lettre, extrait de roman ou d'article de journal... Le titre, le sous-titre et l'illustration éventuelle vous y aident.
- Lisez le document une première fois puis relisez-le en soulignant les noms des personnages, les lieux et les dates ou les repères temporels (*two hours later, next day...*) et les temps grammaticaux. ▶ FICHES 39-44
- Si vous ne connaissez pas le sens de certains mots, observez le radical (***friend**ship*, amitié ← *friend*, ami) et aidez-vous du contexte.
- Pour améliorer votre compréhension écrite, entraînez-vous à lire un paragraphe en anglais plusieurs fois par semaine dans votre manuel ou sur Internet.

NOTEZ BIEN

Voici quelques conseils de lecture :

- Sir Arthur Conan Doyle, *The Hound of the Baskervilles*, 1902
- Robert Louis Stevenson, *Dr Jekyll and Mr Hyde*, 1886
- Mark Twain, *The Adventures of Tom Sawyer*, 1876
- J. K. Rowling, *Harry Potter*, 1997-2007

II | Écrire

1 Compétence attendue

Vous devez être capable de rédiger une lettre ou une carte postale dans laquelle vous présentez votre famille et votre environnement quotidien… ; un mail dans lequel vous proposez une sortie à des amis ou les invitez à une fête ; un mot de remerciement ou d'excuse ; le compte rendu d'un événement, un récit court ; la description d'une photo ou d'un tableau.

2 Quelques conseils

- Rédigez directement en anglais sans passer par le français. Écrivez des phrases courtes, simples et claires en essayant de varier votre vocabulaire. ▶ FICHES 14, 15 ET 16
- Organisez votre essai en utilisant des mots de liaison pour marquer la progression de votre récit ou de vos idées. ▶ FICHES 61 ET 62
- Employez des adverbes pour préciser votre pensée. ▶ FICHE 60
- Relisez toujours votre travail pour corriger des erreurs habituelles : le S à la troisième personne du singulier du présent, ▶ FICHE 39 l'accord sujet/verbe. Ne confondez pas les déterminants possessifs : *her bag* et les pronoms possessifs : *it's hers.* ▶ FICHE 33 Distinguez les pronoms personnels sujets et compléments. ▶ FICHE 32
- Pour améliorer votre expression écrite, tenez une sorte de petit journal où vous noterez plusieurs fois par semaine ce que vous avez fait ou vos projets. Cela vous aidera à vous sentir plus en confiance en écrivant.
- Notez sur un petit carnet le vocabulaire nouveau, cela enrichira votre écrit et évitera l'utilisation systématique des mêmes mots simples.

NOTEZ BIEN

Tout au long de l'année, vous serez confrontés à des situations de communication variées, associant votre apprentissage de l'anglais avec d'autres disciplines (EPI).

Quatre thèmes culturels sont au programme :

- langages ;
- école et société ;
- voyages et migrations ;
- rencontres avec d'autres cultures.

Nous vous en proposons quelques exemples. ▶ FICHES 18-25

Saluer, prendre congé, remercier

3

☐ OK

I Saluer

- Good morning! / Good afternoon! / Good evening!
- Hello! / Hi! [fam.]
- "How do you do?"
  Enchanté(e). [formule très officielle utilisée la première fois que l'on rencontre quelqu'un]
- "How are you?" "I'm fine, thank you."
  « Comment allez-vous ? » « Très bien, merci. »
- How are you doing? [formule très amicale]
- Nice to see you. Ravi de vous voir.
- Nice / pleased to meet you. Ravi de vous rencontrer.

II Présenter quelqu'un

- **This is** Mary. Je vous présente Mary.
- John, **meet** Mary. John, voici Mary.
- I'd like you to **meet** Mary.
  J'aimerais te présenter Mary.
- **Have** you **met** Mary? / You **know** Mary, **don't you**?
  Tu connais Mary ?
- I don't think you **know** Mary.
  Je ne pense pas que vous connaissiez Mary.

III Prendre congé

- Good bye! Au revoir !
- Bye Bye! Salut !
- Good night! Bonne nuit !
- See you soon! See you later!
  À bientôt ! À plus tard !
- See you tomorrow! See you next week!
  À demain ! À la semaine prochaine !
- Take care! [très amical]
  Au revoir, prends soin de toi !
- So long! (US) Salut !

IV Remercier

- **Thank you.** Merci.
- Thank you **very much** / **so much** / **indeed.**
  Thanks **a lot.** Merci beaucoup.
- **"Thank you for** coming." / **"Thanks for** coming."
  "You're welcome."
  « Merci d'être venu. » « Je vous en prie. »
- Many **thanks for** your help.
  Un grand merci pour votre aide.
- It's very **kind** / **nice of** you **to...**
  C'est très gentil à vous de...
- I'm **grateful.**
  Je vous suis reconnaissant.
- "I **appreciate**." **"Don't mention it.**
  It was **a pleasure** / **my pleasure.**"
  « J'apprécie, merci. »
  « De rien. Ce fut un plaisir. »

V S'excuser

- **Sorry! I'm** (so) **sorry!**
  Désolé !
- Will you **excuse** me, please?
  Veuillez m'excuser.
- Please, **forgive** me.
  Pardonnez-moi.
- I (do) **apologize.**
  Je vous prie de m'excuser.
- **My apology** for being late.
  Je vous présente mes excuses pour le retard.

LISTEN!

A new girlfriend

John has a new girlfriend, Mary. He meets his friend Paul in the street...

Paul: "Hi, John, how are you?"

John: "Hi, Paul. I'm fine, thanks. Nice to see you. Have you met Mary?"

Paul: "No, I haven't. Pleased to meet you, Mary."

Exprimer ses goûts, son admiration

4

☐ OK

I Dire ce que l'on aime

- I **like** swimming.
  J'aime nager.
- I **love** surfing.
  J'aime beaucoup faire du surf.
- I **enjoy** being on my own.
  J'aime bien rester tout(e) seul(e).
- I am **fond of** long walks / **of** walking.
  J'aime les longues marches / marcher.
- I am **keen on** Canadian movies.
  J'aime les films canadiens.
- I **fancy** American movies.
  J'aime les films américains.
- I am **crazy about** baseball.
  J'adore le baseball.
- I am **mad about** English series.
  Je suis dingue des séries anglaises.

II Dire ce que l'on n'aime pas

- I **don't like** getting up early. / I **dislike** getting up early.
  Je n'aime pas me lever tôt.
- I **hate** driving at night.
  Je déteste conduire la nuit.
- I **can't bear** / **stand** waiting.
  Je ne supporte pas d'attendre.
- I **can't put up with** his behaviour.
  Je ne supporte pas son comportement.
- I **don't care for** fast cars. / I **don't fancy** fast cars.
  Je n'aime pas les voitures rapides.
- This documentary is **terrible!**
  Ce documentaire est horrible !
- This film was **so awful!**
  Ce film était si affreux !
- It looks awful. Ça a l'air horrible !
- It tastes disgusting. C'est dégoûtant !

- It sounds terrible. Ça fait un bruit affreux !
- It smells bad. Ça sent mauvais !
- What a bad cake! Quel mauvais gâteau !

III Exprimer sa préférence

- I like it **better**. Je préfère cela.
- I like it **best**. C'est ce que je préfère.
- I like reading **better than** watching TV.
  I **prefer** reading **to** watching TV.
  I'd rather read **than** watch TV.
  Je préfère lire plutôt que regarder la télé.

IV Exprimer son admiration, son enthousiasme

- It's really great / fantastic / terrific / wonderful / amazing!
  C'est vraiment génial !
- Isn't it great? C'est pas génial ?
- How wonderful! Comme c'est merveilleux !
- What a fantastic film! Quel film fantastique !
- How moving the film is! Ce film est si émouvant !
- What beauty! Quelle beauté !
- It's such a clever idea! C'est vraiment une idée géniale !
- Paul is so brilliant! Paul est si brillant !

LISTEN!

- **So what can we do?**

Tom: "Please, Eliott. It's so hot today. Let's go to the swimming pool!"
Eliott: "Oh no! I don't like swimming."
Tom: "What about the ice rink?"
Eliott: "I hate ice skating!"
Tom: "So what can we do?"
Eliott: "I'd rather watch TV and eat a pizza!!"

Souhaiter, regretter, refuser

5

☐ OK

I Souhaiter, avoir envie de

- **I want / would like** to travel the world.
  Je veux / voudrais parcourir le monde.
- **I want / would like** you **to** leave now.
  Je veux / voudrais que tu partes maintenant.
- **I'd love** to go to this exhibition. J'adorerais aller à cette exposition.
- **I feel like** going to the restaurant. J'ai envie d'aller au restaurant.
- **I look forward to** meeting him. J'ai hâte de le rencontrer.
- **I'm dying to** see her. Je meurs d'envie de la voir.
- **I can't wait to** be on holidays. J'ai hâte d'être en vacances.

II Regretter

- **If only** I **had called** him! Ah ! si je l'avais appelé !
- **If only** you **had** a car! Si seulement tu avais une voiture !
- I **wish** I **had called** him. Si seulement je l'avais appelé !
- **What a pity** I **hadn't called** him before.
  Dommage que je ne l'aie pas appelé plus tôt.

III Refuser

- It's **out of the question**. Il n'en est pas question.
- I **won't** go there. Je n'irai pas. [*won't* exprime l'idée de refus]
- I **will never** agree to sign this letter.
  Je n'accepterai jamais de signer cette lettre.
- He had **no intention of** coming. Il n'avait pas l'intention de venir.
- He **refused to** talk to me. Il a refusé de me parler.

LISTEN!

I'd like to go out...

Simon: "I can't wait to watch the football match!"

Jane: "No way, Simon, I don't feel like staying at home tonight. I'd like to go out."

Simon: "What a pity! You don't know what you're missing. Both teams are so amazing. If only you could change your mind..."

Formuler un reproche, se plaindre

6

☐ OK

I Formuler un reproche

- **How can / could** you...! Comment peux-tu / as-tu pu... !
- **How dare** you talk to her like that!
  Comment oses-tu lui parler ainsi !
- **Can't / Couldn't** you be nicer?
  Ne peux-tu pas / Ne pourrais-tu pas être plus gentil ?
- **Why didn't** you do it? Pourquoi ne l'as-tu pas fait ?
- You **shouldn't** have told him. Tu n'aurais pas dû lui dire.
- You **shouldn't** sleep so late. Tu ne devrais pas te coucher si tard.
- I **wish** you were more polite. J'aimerais que tu sois plus poli.

II Se plaindre

- I **can't stand / take it** any longer. Je n'en peux plus.
- I **can't stand / I can't bear** listening to him any longer.
  Je ne supporte plus de l'écouter.
- I'm **fed up with** repeating. J'en ai assez de répéter.
- I'm **sick of** him. J'en ai assez de lui.
- I'm **sick of** repeating. J'en ai assez de répéter.
- I'm **tired of** waiting for her. J'en ai assez de l'attendre.
- **I've had enough**! Ça suffit !
- It **gets on my nerves**. Ça m'énerve !
- I'm sorry, but your behaviour **drives me crazy**!
  Désolé, mais ton attitude me rend fou !
- He's always **complaining** about his teachers.
  Il est toujours en train de se plaindre de ses profs.

LISTEN!

- **I can't take it!**

Lisa: "I really can't stand it! I can't take it!"

Her mother: "Oh, oh… What's the matter?"

Lisa: "The teacher shouldn't have blamed me for something I didn't do! I'm tired of telling him that I didn't cheat."

Exprimer la capacité, l'obligation

7

☐ OK

I Exprimer la capacité

- Fred **can't** ride his bike. He broke his arm.
  Fred ne peut pas faire de vélo. Il s'est cassé le bras.
- **Can** you help me to carry this heavy bag?
  Tu peux m'aider à porter ce gros sac ?
- I **was able to** run faster when I was 15.
  Je pouvais courir plus vite quand j'avais quinze ans.

II Exprimer une obligation

- We **must** stay in the departure lounge.
  Nous devons rester dans la salle d'embarquement.
- I **have to** / I' **ve got to** do my homework.
  Je dois faire mes devoirs.
- You are **requested to** show your passport.
  Vous êtes prié de présenter votre passeport.
- It's **necessary** for you to get a visa.
  Il est nécessaire que tu aies un visa.
- Attending this class is **compulsory**.
  Il est obligatoire d'assister à ce cours.
- She was **forced** / **obliged to** follow the police officer.
  Elle fut obligée de suivre le policier.

LISTEN!

- **Do I have to convince you?**

Hugo's father: "Hugo, you've got to see the Chief Education Adviser."

Hugo: "Now? But I can't. I must go to the swimming pool!"

Hugo's father: "Yes, right now! I couldn't convince you that maths is compulsory… I hope he will!!"

Hugo: "No one can force me."

Hugo's father: "Are you sure? I will…"

Autoriser, interdire

8

☐ OK

I Demander / Donner l'autorisation

- **"Can I** smoke? / **May** I smoke?" **"No, you can't.**"
  « Est ce que je peux fumer ? » « Non, vous ne pouvez pas. »
- You **can** play the piano here. Vous pouvez jouer du piano ici.
- You **may** take my car. Vous pouvez prendre ma voiture.
- "Do you **mind** if I sit here?" "Please do."
  « Cela vous dérange si je m'assois ici ? » « Non, je vous en prie. »
- They **allowed** me **to** use their phone.
  Ils m'ont permis d'utiliser leur téléphone.
- They **let** the children watch TV.
  Ils ont laissé les enfants regarder la télé.

II Donner un ordre, interdire

- **Do** sit down immediately **and stop** chatting!
  Assieds-toi tout de suite et arrête de bavarder.
- **Don't** park here. Ne vous garez pas ici.
- **No** parking. Interdiction de stationner.
- You **can't** take photos in this museum.
  Tu ne peux pas prendre des photos dans ce musée.
- You **mustn't** eat food in a shop.
  On ne doit pas manger dans un magasin.
- It's **forbidden** to litter.
  Il est interdit de jeter des papiers par terre.
- I **won't let** you go out tonight.
  Je ne te laisserai pas sortir ce soir.

LISTEN!

Saturday night

Ben: "Mum! Can I go out Saturday night?"

Ben's mother: "Yes, you can go, provided you come back before midnight."

Ben: "I promise you!"

Ben's mother: "If I were you I wouldn't be late, otherwise I'll say no next time you ask me."

Conseiller, proposer

9

☐ OK

I Donner un conseil

- You **could** / **might** ask your sister. Tu pourrais demander à ta sœur.
- You **should** / **ought to** walk the dog more often.
  Tu devrais promener ton chien plus souvent.
- You **had better** revise your test.
  Tu ferais mieux de réviser ton contrôle.
- You**'d better not** do it. Vous feriez mieux de ne pas le faire.
- **If** I **were** you, I **would** wait for him.
  Si j'étais à votre place, je l'attendrais.
- **In** your **position**, I'**d** take a pen pal.
  Si j'étais toi, je prendrais un correspondant.
- **Take** my **advice** and see a doctor.
  Suis mes conseils, va voir un médecin.
- I **advise** you to see a doctor.
  Je vous conseille de voir un médecin.

II Proposer, suggérer

- **Would** you **like** some apple juice? Aimeriez-vous du jus de pomme ?
- **What about** leaving now? **How about** leaving now?
  Et si on partait maintenant ?
- **Let's** go now. Allons-y maintenant.
- **Why not** go for a walk? Et si on allait se promener ?
- **Why don't** you call her now?
  Pourquoi ne l'appelleriez-vous pas maintenant ?
- We **could** wait outside. Nous pourrions attendre dehors.
- **Shall** I do it for you? Voulez-vous que je le fasse ?

LISTEN!

Don't worry!

Dan: "I'm sure that I failed my test!"

Diana: "Don't worry ! You can't be sure. You'd better relax now and wait for the results. Why don't we meet Emma for a drink, it will do you good..."

Exprimer son accord, son désaccord

10

☐ OK

I Exprimer son accord

- I **agree with** you. Je suis d'accord avec vous.
- I **fully** agree with you. / I **quite** agree. Je suis tout à fait d'accord.
- I **share** your point of view / your opinion.
  Je partage votre point de vue.
- I **think so.** Je le pense.
- He's **right** to say that. Il a raison de dire cela.
- **That's true. That's quite true.** C'est vrai. C'est très vrai.
- **Definitely! Absolutely!** Absolument !

II Exprimer son désaccord

- I **don't think so**! Je ne pense pas !
- I **don't agree with** / **disagree with** you.
  Je ne suis pas d'accord avec toi.
- I **can't agree with** you. Je ne peux pas être d'accord avec toi.
- I **don't see** it that way. **That's not the way** I see the question.
  Je ne vois pas les choses ainsi.
- I think he's absolutely **wrong**. Je pense qu'il a complètement tort.
- It is totally **irrelevant**. C'est totalement hors de propos.
- I **can't admit** it! Je ne peux pas l'admettre.
- **Certainly not!** Certainement pas !
- **Not at all!** Pas du tout !
- You **can't be serious**! Vous n'êtes pas sérieux ?
- You **must be joking**! Vous plaisantez !

LISTEN!

- **You're wrong!**

Lucas: "Manchester United is the best football team."

Gary: "I totally disagree with you. It's a fact that they have won a few matches but Manchester City is definitely the best."

Lucas: "You know what? You're totally wrong! You must be joking!"

Exprimer son opinion

11

☐ OK

I Exprimer un point de vue personnel

- **I think, I believe that...** Je pense, je crois que...
- **I consider that...** Je considère que...
- **In my view... In my opinion...** Selon moi...
- **It's my opinion.** C'est mon avis.
- **My view / My opinion is that...** Mon opinion est que...
- **From my point of view... To my mind...**
  À mon avis... De mon point de vue...
- **I have the feeling that...** J'ai le sentiment que...
- **As I see it... The way I see it...** Telles que je vois les choses...
- **As far as I am concerned...** En ce qui me concerne...
- **As for me...** Quant à moi...
- **Actually / In fact I think that...** En fait je pense que...

II Exprimer des nuances

- **It seems to me that...** Il me semble que...
- **I'm inclined to think that...** J'aurais tendance à croire que...
- **At first sight... but on second thoughts...**
  À première vue... mais réflexion faite...
- **If you ask me, I'd say...** Si vous me posez la question, je dirais...
- **I must admit that.** Je dois l'admettre.
- **It's a fact that...** C'est un fait que...

LISTEN!

English food

Jo: "I really think that English food isn't good at all."

Liz: "How do you know?"

Jo: "Well, I've tasted fish and chips."

Liz: "I have the feeling you have no idea about English cuisine. It seems to me that a trip to England would make you change your mind."

Exprimer une conviction, un doute

12

☐ OK

I Exprimer une conviction

- **I'm sure / certain** (that) he's ill.
  Je suis sûr / certain qu'il est malade.
- I **feel quite sure** that... Je suis pratiquement sûr que...
- I am **convinced** that he knows the answer.
  Je suis convaincu qu'il connaît la réponse.
- **It's obvious / Obviously** he has lied.
  C'est évident, il a menti.
- There's **no doubt** about it.
  Il n'y a aucun doute là-dessus.
- I'm **in favour of / opposed to...** Je suis pour/contre...

II Exprimer un doute

- I'm **not quite sure** about the answer.
  Je ne suis pas très sûr de la réponse.
- I'm **not convinced** about the result.
  Je ne suis pas convaincu du résultat.
- It's **not at all certain** that...
  Ce n'est pas du tout certain que...
- I **can't say** for certain but... It's **difficult** to say for certain...
  Il est difficile de dire avec certitude...
- I have **doubts** about... J'ai des doutes sur...
- There is an **element of doubt** about...
  Il y a un doute au sujet de...

LISTEN!

Allison to her best friend...

Allison: "Obviously Tom didn't tell me the truth about his weekend."

Jessica: "I can't say for certain but he has never lied before."

Allison: "I'm not convinced at all about his explanations! I now have doubts about everything he says."

Organiser ses idées

13

☐ OK

Voici quelques outils pour organiser vos idées de manière claire et logique.

1 Introduire son exposé

- To begin with / For a start...
  Pour commencer...
- First / In the first place...
  Tout d'abord...

2 Exprimer un avis

- As far as I am concerned...
  En ce qui me concerne...
- Speaking for myself / As for me...
  Quant à moi...
- We are entitled to...
  Nous avons le droit de...
- It may be argued that...
  On peut avancer que...
- If we take into account...
  Si nous tenons compte de...
- Actually / In fact I think that... En fait je pense que...

3 Exprimer une idée contraire

- On the one hand... on the other hand...
  D'une part... d'autre part...
- However / Nevertheless... Néanmoins...
- Despite / In spite of... Malgré...
- Whereas... Alors que...
- Conversely... À l'inverse...

4 Introduire une idée nouvelle

- Next / Afterwards / Then... Puis / Ensuite...
- Moreover / Furthermore... De plus...
- In addition / On top of that... En plus (de ça)...
- What is more... Qui plus est...

5 Énoncer un exemple

- for instance / for example... par exemple...
- namely / such as... tel que...

6 Citer le texte

- According to the writer... Selon l'écrivain...
- To quote the author... Pour citer l'auteur...
- As the writer puts it... Comme le dit l'écrivain...

7 Reformuler

- In other words... En d'autres mots...
- That is to say... C'est-à-dire...
- To put it in a nutshell... En deux mots...

8 Élargir le sujet

- It brings out the problem of...
  Cela soulève le problème de...
- It is linked to / It is related to...
  C'est lié à...
- It questions...
  Cela soulève la question de...

9 Conclure

- To conclude / As a conclusion / In conclusion...
  Pour conclure...
- Finally / Lastly... Enfin...
- All things considered...
  Tout compte fait...
- In short... En bref...
- For all these reasons...
  Pour toutes ces raisons...

LISTEN!

- **Big mistakes...**

The English teacher: "If we take into account the marks you got at your last test nobody has seriously revised. In spite of what I have explained you all made big mistakes. Moreover, most of you have forgotten to do the last exercise. All things considered... there will be another test tomorrow!"

The pupils: Oh no!...

Utiliser le mot juste

14

☐ OK

Pour enrichir votre vocabulaire,
voici une liste de mots de sens voisin.

I Adjectifs

beautiful

- stunning (superbe)
- radiant (éclatant)
- lovely
- graceful
- enchanting
- exquisite (exquis)
- gorgeous (splendide)
- handsome (beau)
- good-looking (beau, belle)

bad

- evil (mal)
- disastrous
- worthless
- wrong (mal)
- poor (médiocre)
- unsatisfactory
- defective
- unfavourable
- unpleasant
- imperfect
- terrible
- awful

good

- acceptable
- first-rate
- valuable (précieux)
- capital
- satisfactory
- efficient (efficace)
- enjoyable
- favourable
- fine
- great
- pleasant

important

- big
- leading (éminent)
- significant (significatif)
- capital
- main
- major (essentiel)
- prominent
- high
- valuable

interesting

- fascinating
- exciting
- absorbing
- compelling (fascinant)
- gripping (captivant)

principal

- chief
- main
- vital
- dominant
- essential
- primary (primordial)
- crucial (essentiel, capital)
- leading (de premier plan)

big

- great
- gigantic
- important
- large
- enormous
- massive
- influential
- prominent (important)
- huge (énorme)
- substantial (substantiel)
- powerful (puissant)

II Noms

author

writer
founder
narrator
maker
poet
playwright (auteur dramatique)
creator

idea

suggestion
thought
conviction
feeling
supposition
notion
belief
essence
theory
view
viewpoint
concept
opinion
objective

importance

significance
weight (poids)
value
consequence
distinction
concern (préoccupation)
interest

problem

issue
difficulty
predicament (situation difficile)
dilemma
subject
question
puzzle (énigme)
topic
doubt

III Verbes

do

make
accomplish
perform
deal with (traiter de)
undertake (entreprendre)
produce
work out
conclude
carry out (faire, réaliser)
achieve (réaliser)
bring about (entraîner)
complete (finir)

like

appreciate
love
prefer
enjoy (apprécier)
care for (aimer)
be fond of (aimer)
approve of (approuver)

say

express (exprimer)
assert (affirmer)
claim (prétendre)
convey (communiquer)
suggest
declare
announce
reveal (révéler)
add
tell
mention

think

believe
suppose
intend (to) (avoir l'intention de)
plan (to)
assume
consider
suspect
ponder (réfléchir)
guess
presume

Ne pas confondre (1)

15

☐ OK

Beaucoup de mots anglais sont sources de confusions. Vous devez savoir les reconnaître.

1 (have) been / (have) gone

- have been : être allé (être revenu)
  I've **been** to London. Je suis allé à Londres.
- have gone : être allé (y être encore)
  He's **gone** to Miami. Il est allé à Miami.

2 forget / leave

- forget [quand le lieu n'est pas précisé] : oublier
  I **have forgotten** my books.
  J'ai oublié mes livres.
- leave [quand le lieu est précisé] : oublier / laisser
  I **have left** my books at school.
  J'ai oublié / laissé mes livres à l'école.

3 learn / teach

- learn : apprendre (étudier)
  I must **learn** my lesson. Je dois apprendre ma leçon.
- teach : apprendre (enseigner)
  Teach me English! Apprends-moi l'anglais !

4 let / leave

- let : laisser / permettre
  Let her go. Laisse-la partir.
- leave : laisser / quitter
  Leave me the letter. Laisse-moi la lettre.
  He **left** her. Il l'a quittée.

5 listen / hear

- listen : écouter
  I never **listen** to the news.
  Je n'écoute jamais les informations.
- hear : entendre
  Can you **hear** this voice?
  Est-ce que tu entends cette voix ?

6 miss / lack

- miss : regretter / se languir de
  I **miss** my brother. Mon frère me manque.
- lack : manquer de / ne pas avoir
  He **lacks** patience. Il manque de patience.

7 remember / remind

- remember : se rappeler / se souvenir de
  I **don't remember** her name.
  Je ne me souviens pas de son nom.
- remind somebody of something / to do something :
  rappeler à quelqu'un quelque chose / de faire quelque chose
  She **reminds** me of my best friend.
  Elle me rappelle ma meilleure amie.
  Remind me to post the letter.
  Rappelle-moi de poster la lettre.

8 rob / steal

- rob : voler quelqu'un ou cambrioler un lieu
  They **robbed** a bank last year.
  Ils ont cambriolé une banque l'année dernière.
- steal : voler quelque chose
  This boy **stole** my bag.
  Ce garçon a volé mon sac.

9 say / tell

- say something to somebody
  Say something to your father.
  Dis quelque chose à ton père.
- tell somebody something
  Tell her your name.
  Dis-lui ton nom.

10 wait / expect

- wait for somebody or something : attendre qqn ou qqch. [temps]
  I am waiting for the train.
  J'attends le train.
- expect something / somebody to do something :
  s'attendre à qqch. / à ce que qqn fasse qqch. [intention]
  I **expect** him to be here on time.
  J'attends de lui qu'il soit à l'heure.

Ne pas confondre (2)

16

☐ OK

1 experience / experiment

- **experience** : expérience vécue
  Living in India was an unforgettable **experience**.
  Vivre en Inde fut une expérience inoubliable.
- **experiment** : expérience scientifique
  We'll never carry out **experiments** on animals.
  Nous ne mènerons jamais d'expériences sur des animaux.

2 politics / policy

- **politics** : la politique en général [au singulier en français]
  My husband is not interested in **politics**.
  Mon mari ne s'intéresse pas à la politique.
- **policy** : ligne de conduite, règle de comportement
  It is our **policy** to hire foreign people.
  C'est notre politique d'embaucher des étrangers.

3 trip / travel / journey

- **trip** : voyage / séjour
  I'll make a **trip** to Egypt next year.
  Je ferai un voyage en Égypte l'année prochaine.
- **travel** : les voyages en général [pas d'article]
  cheap **travels** : les voyages bon marché
- **journey** : voyage [transport]
  the **journey** from LA to NYC : le voyage
  de Los Angeles à New York City

4 work / job

- **work** : le travail en général
  Work is interesting here. Le travail est intéressant ici.
- **job** : un travail / un emploi
  He lost his **job**. Il a perdu son travail.

5 hard / hardly

- **hard** (adjectif ou adverbe) : dur
  a **hard** job : un travail dur (difficile)
  He works **hard**. Il travaille dur (durement).
- **hardly** : à peine, difficilement
  She can **hardly** eat. Elle peut à peine manger.

6 sensitive / sensible

- sensitive : sensible [du domaine de l'émotion]
  She can't watch horror films; she's too **sensitive**.
  Elle ne peut pas regarder des films d'horreur ; elle est trop sensible.
- sensible : sensé / raisonnable
  She will give you good advice; she's a **sensible** person.
  Elle te donnera de bons conseils ; c'est une personne sensée.

7 small / little

- small : petit en taille [objectif]
  This bed is too **small**. Ce lit est trop petit.
- little : petit avec une nuance d'affection [subjectif]
  my **little** brother : mon petit frère

8 as / like

- as (+ verbe, nom) : comme / en tant que
  as you like : comme vous voulez
  as in summer : comme en été
  as a singer : en tant que chanteur
- like (+ nom) : comme / à la manière de
  like her friend : comme son ami

9 during / for

- during : pendant [le moment]
  during the holidays : pendant les vacances
- for : pendant [la durée]
  I travelled **for** two months last year.
  L'an dernier, j'ai voyagé pendant deux mois.

10 each / every

- **each** day : chaque jour
- **every** day : tous les jours

11 still / not yet

- still : encore / toujours
  She is **still** beautiful. Elle est encore belle.
  Are you **still** playing football?
  Tu joues toujours au foot ?
- not ... yet : pas encore
  He **isn't** here **yet**. Il n'est pas encore là.

Quiz EXPRESS

17

Avez-vous bien révisé les fiches 3 à 16 ? On vérifie !

Communiquer

1 Exprimer la même idée

▶ FICHES 10 ET 11

Pour chaque groupe de mots, cochez l'expression équivalente.

1. As for me...

☐ **a.** I'm convinced... ☐ **b.** In my view...

2. It is quite irrelevant...

☐ **a.** It is a fact that... ☐ **b.** Certainly not!

3. If you ask me...

☐ **a.** That's true... ☐ **b.** At first sight...

2 La formule qui convient

▶ FICHE 13

Cochez la bonne formule pour chaque étape de votre discours.

1. J'introduis une idée nouvelle.

☐ **a.** For example ☐ **b.** In addition

2. J'énonce une opposition.

☐ **a.** Moreover ☐ **b.** However

3. Je reformule.

☐ **a.** To quote the author ☐ **b.** To put it in a nutshell

4. J'exprime mon opinion.

☐ **a.** As far as I'm concerned ☐ **b.** It questions

3 Confusions courantes

▶ FICHES 15 ET 16

Cochez la bonne traduction.

1. The young boy (*a volé*) ☐ **a.** robbed ☐ **b.** stole my pen.

2. He spoke too much (*pendant*) ☐ **a.** for ☐ **b.** during the film.

3. Do (*comme*) ☐ **a.** like ☐ **b.** as you think best.

4. Listen to her; she is (*raisonnable*)
☐ **a.** sensible ☐ **b.** sensitive.

5. She can (*difficilement*) ☐ **a.** hard ☐ **b.** hardly breathe.

CORRIGÉS

1 Exprimer la même idée

1. b. In my view : exprime une opinion modérée. *I'm convinced* exprime une opinion forte.

2. b. Certainly not! : exprime le désaccord. *It is a fact that* exprime l'accord.

3. b. At first sight : exprime une opinion nuancée. *That's true* exprime l'accord.

2 La formule qui convient

1. b. In addition : on emploie aussi *on top of that, what is more...* *For example* énonce un exemple. Attention au *a* de *example* en anglais.

2. b. However : on emploie aussi *nevertheless*. Attention à ne pas confondre avec *moreover* qui introduit une idée nouvelle.

3. b. To put it in a nutshell : on emploie aussi *that is to say, in other words*. On emploie *to quote the author* pour citer l'auteur.

4. a. As far as I'm concerned : on emploie aussi *as for me*. *It questions* élargit le sujet.

3 Confusions courantes

1. b. stole : *steal* (voler quelque chose) ; *rob* (voler quelqu'un ou cambrioler un lieu).

2. b. during : *during* (pendant / moment) ; *for* (pendant / durée).

3. b. as : *as* + verbe ; *like* + nom.

4. a. sensible : *sensible* signifie « sensé » ; *sensitive* signifie « sensible ».

5. b. hardly : *hardly* est un adverbe qui signifie « à peine » ; *hard* est un adjectif ou un adverbe qui signifie « dur ».

Les réseaux sociaux

18

☐ OK

Facebook est le plus connu des réseaux sociaux. Dans le film *The Social Network*, le réalisateur David Fincher raconte sa création par Mark Zuckerberg.

The social network

The Social Network is an American film directed by David Fincher in 2010. It tells the story of Mark Zuckerberg, the Harvard student who founded Facebook in 2004. The poster shows actor Jesse Eisenberg's face looking at us right in the eye with the tagline: *You don't get to 500 million friends without making a few enemies.* The boy looks serious, even scared, so that the picture is quite intriguing and extremely eyecatching. In fact the film shows the relationships Mark Zuckerberg had with his fellow students who worked with him on the project and later sued him.

ph © Columbia Pictures/
The Kobal Collection/Aurimages

The Social Network est un film américain réalisé en 2010 par David Fincher. Il raconte l'histoire de Mark Zuckerberg, l'étudiant de Harvard qui a fondé Facebook en 2004. L'affiche montre le visage de l'acteur Jesse Eisenberg qui nous regarde droit dans les yeux avec ce slogan : « On ne se fait pas 500 millions d'amis sans se faire quelques ennemis. » Le garçon a l'air sérieux, voire effrayé, si bien que l'affiche intrigue et attire l'œil. En effet le film montre quelles relations avait Mark Zuckerberg avec les camarades de fac qui travaillaient avec lui sur le projet et qui l'ont ensuite poursuivi en justice.

Vocabulary

network: *réseau* • found: *fonder* • a tagline: *un slogan* • scared: *effrayé* • eyecatching: *qui attire l'œil* • fellow students: *des copains de fac* • sue: *poursuivre en justice*

@ **On the Internet** www.theguardian.com • www.filmeducation.org • www.thesocialnetwork-movie.com

Alimentation et santé

19

☐ OK

Combattre la malbouffe est un enjeu dans de nombreux pays. Parallèlement les plats végétariens ont de plus en plus de succès !

Veggie burgers

ph © anna_shepulova/Fotolia

Veggie burgers are meatless patties in toasted buns. They are made with lentils, beans, chickpeas and all kinds of vegetables seasoned with various spices and herbs. All these ingredients provide vitamins, minerals and fiber. The benefit of these veggie burgers is that they are healthy, easy to make and low in calories (70 to 130 calories) even if they are higher in sodium than meat burgers (beef, turkey, veal, chicken). The question is: are they only a trend or a new way for more and more people to give up junk food?

Les hamburgers végétariens sont des « steaks hachés » sans viande qui se mangent dans un pain rond toasté. Ils sont faits avec des lentilles, des haricots, des pois chiches et toutes sortes de légumes assaisonnés de diverses épices et fines herbes. Tous ces ingrédients fournissent des vitamines, des sels minéraux et des fibres. L'intérêt de ces hamburgers végétariens, c'est qu'ils sont bons pour la santé, faciles à faire et pauvres en calories (70 à 130 calories), même s'ils sont plus salés que ceux à la viande (bœuf, dinde, veau, poulet). La question est : s'agit-il seulement d'une mode ou d'une nouvelle manière d'en finir avec la malbouffe ?

Vocabulary

veggie (vegetarian): *végétarien* • meatless: *sans viande* • patties: *des steaks hachés* • beans: *des haricots* • chickpeas: *des pois chiches* • seasoned: *assaisonné* • provide: *fournir* • benefit: *avantage* • healthy: *bon pour la santé* • turkey: *de la dinde* • a trend: *une tendance* • give up: *abandonner*

@ On the Internet www.bbcgoodfood.com • http://www.nhs.uk/livewell/healthy-eating/Pages/Healthyeating.aspx

La lutte contre le tabagisme

20

☐ OK

L'Organisation mondiale de la Santé a fait du 31 mai une Journée sans tabac : partout dans le monde, des manifestations alertent sur les dangers courus par les fumeurs comme par les non-fumeurs.

A Chinese anti-smoking protest

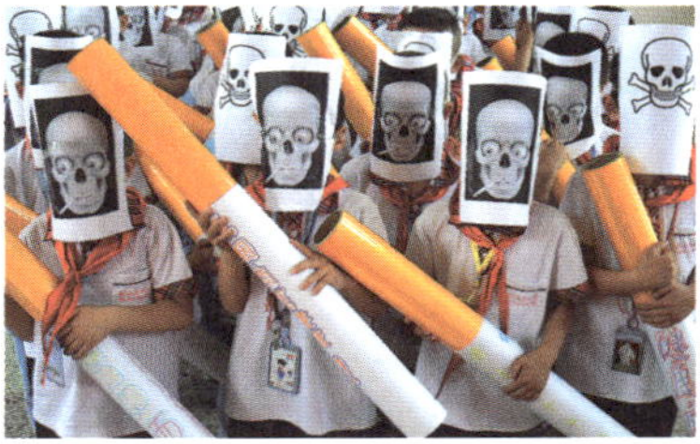

ph © VCG/Getty Images

The World Health Organization (WHO) has implemented a World No Tobacco Day on May 31st. Here Chinese students and school children are taking part in an anti-smoking protest. They are wearing horrid skull masks and holding giant cigarettes made of paper. Their objective is to denounce the dangers of smoking which expose non smokers to indirect smoke. In China where smoking is widespread, a recent anti-smoking law forbids smoking in closed public areas such as restaurants and offices.

L'Organisation mondiale de la Santé (OMS) a mis en place le 31 mai une Journée mondiale sans tabac. Ici, des étudiants et des écoliers chinois participent à une manifestation anti-tabac. Ils portent d'horribles masques représentant des têtes de morts et portent des cigarettes géantes en papier. Leur but est de dénoncer les dangers du tabac qui fait des non-fumeurs des fumeurs passifs. En Chine où fumer est très répandu, une loi anti-tabac récente interdit de fumer dans les espaces publics fermés, tels que les restaurants et les bureaux.

Vocabulary

health: *santé* • implement: *mettre en place* • take part in: *prendre part à* • a protest: *une manifestation* • a skull: *un crâne, une tête de mort* • hold: *tenir* • widespread: *répandu* • the law: *la loi*

@ **On the Internet** http://smokefree.hk/en/content/home.do • http://www.who.int/mediacentre/news/releases/2016/world-no-tobacco-day/en/

L'entrée des femmes dans le monde du travail

21

☐ OK

Pendant la Première Guerre mondiale, les femmes remplacent les hommes, partis au front, dans les usines, les bureaux, les hôpitaux.

British women in WW1

ph © G. P. Lewis/IWM/Getty Images

Between 1914 and 1918 about 1,600,000 British women went to work. They had to replace men fighting in the war. Consequently, women worked in areas that were reserved for men. They worked in factories, shops, hospitals and offices. Most women were hired in factories producing munitions. The work was hard and the conditions were poor. They got lower salaries than men but felt useful and proud. They showed that they were able to do men's jobs and most of them could get new job opportunities after the war.

Entre 1914 et 1918, environ 1 million 600.000 Anglaises sont entrées dans le monde du travail. Il fallait qu'elles remplacent les hommes partis à la guerre. Les femmes travaillèrent donc dans des domaines auparavant réservés aux hommes. Elles travaillèrent dans des usines, des magasins, des hôpitaux et des bureaux. La plupart des femmes étaient embauchées dans des usines produisant des munitions. Le travail était dur et les conditions de travail déplorables. Leur salaire était inférieur à celui des hommes mais elles se sentaient utiles et fières. Elles prouvaient qu'elles étaient capables de faire des métiers masculins et la plupart d'entre elles purent trouver de nouveaux débouchés après la guerre.

Vocabulary

WW1 (World War 1): *la Première Guerre mondiale* • areas: *des domaines* • factories: *des usines* • a land worker: *un travailleur agricole* • hired: *embauchées* • poor: (ici) *mauvais* • useful: *utile* • proud: *fier* • opportunities: *des débouchés*

@ **On the Internet** www.bbc.co.uk • www.nationalarchives.gov.uk

La nature dans la ville

22

☐ OK

Comment faire plus de place à la nature dans les villes ? À New York, une ligne de métro aérienne, la *High Line*, est devenue un parc.

The New York High Line

ph © Claire Takacs/Getty Images

The New York High Line used to be an elevated rail line. In the 1980's, it was turned into a popular public park that extends from Gansevoort street to West 34th street. Its 1.5 mile (2.3 km) walk offers visitors a spectacular view of the city skyline. In its beautiful gardens many various events take place – parties, late-night experiences, stargazing, art exhibits. That's why it has become a top touristic attraction of Manhattan and provides a successful example of urban renewal!

La High Line de New York était autrefois une ligne de métro aérienne. Dans les années 1980, elle a été transformée en un parc public populaire qui s'étend de Gansevoort Street à la 34e rue Ouest. Ses 2 km 300 de promenades offrent aux visiteurs une vue spectaculaire sur la ligne d'horizon new-yorkaise. Dans ses magnifiques jardins, ont lieu nombre d'événements divers – fêtes, soirées tardives, observation des étoiles, expositions artistiques. C'est pourquoi elle est devenue une attraction touristique très courue de Manhattan et fournit un exemple réussi de rénovation urbaine.

Vocabulary

turn into: *transformer en* • the skyline: *la ligne d'horizon* • an event: *un événement* • stargazing: *l'observation des étoiles* • provide: *fournir* • an urban renewal: *une rénovation urbaine*

@ **On the Internet** www.thehighline.org • www.nycgovparks.org • www.nycedc.com • http://greatmuseums.org/explore/more/elevated-thinking-the-high-line-in-new-york-city

Le folklore irlandais

23

☐ OK

Nombreuses sont les créatures imaginaires de la culture irlandaise. Parmi elles, un lutin très populaire et un peu maléfique…

The Leprechaun

The Leprechaun is a magical creature of Irish folklore. He is an old, short and solitary man dressed in green and wearing a hat. He spends his time counting money which he puts in a cauldron that can be found at the end of the rainbow where he usually hides. He is very nasty and likes to play tricks. A tap tap tapping can be heard when he is close to you: it is the sound of a cobbler driving a nail into a shoe for the Leprechaun is a cobbler!

Le Leprechaun est une créature magique du folklore irlandais. C'est un petit vieillard solitaire, vêtu de vert et coiffé d'un chapeau. Il passe son temps à compter de l'argent. Il le met dans un chaudron qu'on peut trouver au bout de l'arc-en-ciel où il se cache d'ordinaire. Il est très méchant et aime jouer des tours. On entend un toc-toc à son approche : c'est le bruit du cordonnier qui enfonce un clou dans une chaussure. Car le Leprechaun est cordonnier !

Vocabulary

a cauldron: *un chaudron* • a rainbow: *un arc-en-ciel* • hide: *se cacher* • nasty: *méchant* • a cobbler: *un cordonnier* • drive… into: *enfoncer* • a nail: *un clou*

@ **On the Internet** http://www.ahrrga.gov.ie/heritage/ • http://www.ahrrga.gov.ie/

Les cultures du Grand Nord canadien

24

OK

La culture des peuples autochtones de l'Arctique canadien, les Inuits, a longtemps été ignorée. « Inuit » signifie « peuple » dans leur langue, l'inuktitut.

The language of the Inuits

ph © Sébastien Lapointe - CC BY-SA 3.0

The Inuits live in the Canadian Arctic. The word "Inuit" means "the people". They used to be called "Eskimos" by the European explorers who discovered their existence in the XIXth century. The word is offensive nowadays. The Inuits speak a language called inuktitut. It is divided into many dialects with nine alphabets as well as a variety of spellings. The inuit language now has equal status and equal rights along with English and French. You can hear it watching in the original version of the film *Atanarjuat* which was made in inuktitut and won a prize at the Cannes festival in 2001.

Les Inuits vivent dans le Canada arctique. Le mot « Inuit » signifie « peuple ». Autrefois ils étaient appelés Esquimaux par les explorateurs européens qui découvrirent leur existence au XIXe siècle. Le terme est insultant aujourd'hui. Les Inuits parlent une langue appelée inuktitut qui comprend de nombreux dialectes avec neuf alphabets et diverses orthographes. La langue inuit a maintenant le même statut et les mêmes droits que l'anglais et le français. Écoutez cette langue en regardant en version originale le film *Atanarjuat* qui a été tourné en inuktitut et récompensé au festival de Cannes en 2001.

Vocabulary

word: *mot* • mean: *signifier* • offensive: *insultant* • spelling: *l'orthographe* • equal rights: *des droits égaux* • win a prize: *gagner un prix*

@ **On the Internet** https://www.aadnc-aandc.gc.ca/fra/1100100014187/1100100014191 • http://www.inuitartfoundation.org/ • http://www.niyc.ca/nipiit-magazine

Musiques d'aujourd'hui

25

☐ OK

La chanteuse Rihanna est née à la Barbade, une île de la mer des Caraïbes, ancienne colonie britannique. Sa musique est au croisement de nombreuses influences, RnB, reggae, hip hop.

A Caribbean singer

Robyn Rihanna Fenty was born on February 20, 1988 in St Michael in Barbados. Her stage name is Rihanna. She started her successful career as a singer and a songwriter in 2005. Since then she has won numerous awards – imagine that in 2012 *Time magazine* named her "one of the most influential people in the world"! She is also considered a superstar and a sex symbol. Rihanna has both an anglophone and West Indian culture and she likes to incorporate Jamaican "patois" in her songs. She did so for example in her new album *Work*.

Robyn Rihanna Fenty est née le 20 février 1988 à Saint-Michael à la Barbade. Son nom de scène est Rihanna. Elle a commencé en 2005 une carrière à succès comme chanteuse et comme auteur compositeur. Depuis, elle a gagné de nombreux prix – imaginez qu'en 2012 le journal *Time magazine* l'a nommée « une des personnes les plus influentes du monde » ! Elle est également considérée comme une super-star et un sex symbol. Rihanna a une culture à la fois anglophone et caribéenne et elle aime intégrer du « patois » de la Jamaïque dans ses textes. C'est ce qu'elle a fait par exemple dans son nouvel album *Work*.

Vocabulary

a stage name: *un nom de scène* • a songwriter: *un auteur compositeur* • a career: *une carrière* • numerous: *nombreux* • an award: *un prix* • incorporate: *intégrer*

@ ON THE INTERNET www.rihannadaily.com

Quiz EXPRESS

26

Avez-vous bien révisé les fiches 18 à 25 ? On vérifie !

Rencontrer d'autres cultures

1 Vrai ou faux ?

FICHES 18 À 25

	Vrai	Faux
1. *The Social Network* tells the story of Steve Jobs.	☐	☐
2. Veggie burgers are high in calories.	☐	☐
3. There is no danger in indirect smoke.	☐	☐
4. The women's salary was equal to men's salary during WW1.	☐	☐
5. The High Line was an elevated rail line.	☐	☐

2 Choisir la bonne réponse

FICHES 18 À 25

1. The man who founded Facebook is:
☐ **a.** Steve Jobs ☐ **b.** Mark Zuckerberg.

2. During WW1 British women mostly worked:
☐ **a.** in shops ☐ **b.** in factories producing munitions.

3. The Leprechaun is a creature of:
☐ **a.** the American folklore ☐ **b.** the Irish folklore.

4. People living in the Canadian Arctic are called:
☐ **a.** Inuits ☐ **b.** Inuktitut.

5. Rihanna is:
☐ **a.** American ☐ **b.** Caribbean.

3 Compléter

FICHES 18 À 25

1. M. Zuckerberg is the Harvard student who ... Facebook in 2004.

2. Are veggie burgers a new way to give up ... food?

3. In China, a recent ... forbids to smoke in restaurants.

4. British women could get new job ... after the WW1.

5. The Leprechaun is very ... and likes to play tricks.

CORRIGÉS

1 Vrai ou faux ?

1. F: It tells the story of Mark Zuckerberg.

2. F: They are low in calories (70 to 130 calories).

3. F: Indirect smoke exposes non smokers to the dangers of smoking.

4. F: They got lower salaries than men.

5. V: It was turned into a popular public park in the 1980's.

2 Choisir la bonne réponse

1. The man who founded Facebook is: **b.** Mark Zuckerberg.

Attention

Steve Jobs and Steve Wozniak co-founded Apple in 1976 in San Francisco (California).

2. During WW1 British women mostly worked: **b.** in factories producing munitions.

3. The Leprechaun is a creature of: **b.** the Irish folklore.

4. People living in the Canadian Arctic are called: **a.** Inuits.

5. Rihanna is: **b.** Caribbean.

3 Compléter

1. Mark Zuckerberg is the Harvard student who founded Facebook in 2004.

2. Are veggie burgers a new way to give up junk food?

3. In China, a recent law forbids to smoke in restaurants.

4. British women could get new job opportunities after the WW1.

5. The Leprechaun is very nasty and likes to play tricks.

Le pluriel des noms

27

☐ OK

On distingue les noms dénombrables des noms indénombrables. Seuls les noms dénombrables ont un pluriel.

I Dénombrables et indénombrables

- Les noms dénombrables désignent des êtres ou des objets que l'on peut compter.

REMARQUE *Book* (livre) est un nom dénombrable : on peut dire *a book*, *one book*, *two books*...

- Les noms indénombrables désignent des êtres ou des objets que l'on ne peut pas compter. Voici quelques indénombrables courants :

• advice : des conseils
• information : des informations
• news : des nouvelles
• fruit : des fruits
• furniture : des meubles
• luggage : des bagages

- Pour désigner une unité avec un indénombrable, on a souvent recours à l'expression *a piece of*.

a piece of advice : un conseil
a piece of news : une nouvelle
a piece of fruit : un fruit

II Le pluriel des noms dénombrables

Seuls les noms dénombrables peuvent se mettre au pluriel.

- En règle générale, ils prennent alors un *s* qui se prononce [s] ou [z].

a book → book**s** [s] a window → window**s** [z]

- Cependant certains noms forment leur pluriel en *-es* :

• les noms terminés par *-s*, *-x*, *-z*, *-sh*, *-ch* : dress**es**, tax**es**, crash**es** ;
• les noms terminés par consonne + *y* : a party → part**ies** ;
• quelques noms terminés par *-o* : tomato**es**, potato**es**.

- Retenez ces quelques pluriels irréguliers.

• a man → **men**
• a woman → **women**
• a child → **children**
• a tooth → **teeth**
• a foot → **feet**
• a mouse → **mice**

Les articles

28

☐ OK

Il faut distinguer l'article indéfini *a/an* de l'article défini *the*. On parle d'article zéro (Ø) pour signaler l'absence d'article devant un nom.

I L'article indéfini *a/an*

- L'article *a/an* équivaut aux articles définis français « un », « une ».
- On emploie *a* devant une consonne ou *y*, *u* prononcé [ju] :
  a letter, a year, a uniform.
- On emploie *an* devant une voyelle ou un *h* muet :
  an island, an incredible story, an hour.

ATTENTION *A/an* doit être employé devant les noms de métiers.
She is a teacher. Elle est professeur.

- L'article *a/an* n'a pas de pluriel. L'article français « des » se traduit par Ø + nom au pluriel ou par *some* + nom au pluriel, quand il signifie « quelques ». ▶ FICHE 29

The Smiths are Ø friendly neighbours.

Les Smith sont des voisins sympathiques.

II L'article défini *the*

L'article *the* équivaut aux articles définis français « le », « la », « les ».

Cependant quand le nom fait référence à une généralité, *the* est omis.

- I don't like Ø green. Je n'aime pas le vert.
- He teaches Ø Spanish. Il enseigne l'espagnol.
- They play Ø golf. Ils jouent au golf.

ATTENTION On n'emploie pas *the* devant les noms de pays, sauf s'ils sont formés à partir d'un nom commun.

Ø Italy is a beautiful country. L'Italie est un beau pays.
Mais : **The** United States is a very big country.
Les États-Unis sont un très grand pays.

NOTEZ BIEN

Les noms indénombrables s'emploient sans article.

Have you got Ø money? As-tu de l'argent ?
He has got Ø free time. Il a du temps libre.

Some, any, no et leurs composés

29

☐ OK

Some, any et _no_ signifient « une certaine quantité de », « un certain nombre de ». Ils se traduisent souvent par « du », « de la », « des ».

I *Some, any, no*

Some s'emploie :

- dans les phrases affirmatives ;

  I need **some** new shoes. J'ai besoin de nouvelles chaussures.

- dans les phrases interrogatives pour faire une offre.

  Would you like **some** bread? Voulez-vous du pain ?

Any s'emploie :

- dans les phrases interrogatives ;

  Do you have **any** tomatoes? Est-ce que vous avez des tomates ?

- dans les phrases négatives (comprenant une négation) ;

  She hasn't bought **any** presents. Elle n'a pas acheté de cadeaux.

- dans les phrases affirmatives pour dire « n'importe quel ».

  Give me **any** glass. Donne-moi n'importe quel verre.

No s'emploie dans les phrases négatives ne contenant pas d'autre négation. Il équivaut à *not any*.

I have **no** energy. = I **don't** have **any** energy.

II Les composés de *some, any* et *no*

Ils suivent les mêmes règles d'emploi que *some*, *any* et *no*.

some...	any...	no...
somebody/someone [personne] something [chose] somewhere [lieu]	anybody/anyone [personne] anything [chose] anywhere [lieu]	nobody/no one [personne] nothing [chose] nowhere [lieu]

- I have seen **someone** (somebody) in the garden.
  J'ai vu quelqu'un dans le jardin.
- Can you see **anything** under the sofa?
  Est-ce que tu vois quelque chose sous le canapé ?
- She loves **no one** (nobody). Elle n'aime personne.

A lot of, much, many, a little, a few...

30

☐ OK

L'anglais dispose de nombreux déterminants indéfinis pour exprimer l'idée de quantité, grande ou petite.

I Pour exprimer une grande quantité

- *A lot of* + dénombrable ou indénombrable
  - We have taken **a lot of** pictures.
    Nous avons pris beaucoup de photos.
  - I need **a lot of** courage.
    J'ai besoin de beaucoup de courage.
- *Much* + indénombrable / *many* + dénombrable
  - Did you spend **much** time with her?
    As-tu passé beaucoup de temps avec elle ?
  - She hasn't visited **many** museums.
    Elle n'a pas visité beaucoup de musées.

II Pour exprimer une quantité excessive

- *Too much* + indénombrable / *too many* + dénombrable

  This child eats **too many** sweets.
  Cet enfant mange trop de bonbons.
- *So much* + indénombrable / *so many* + dénombrable

  He drinks **so much** beer. Il boit tellement de bière.

III Pour exprimer une petite quantité

A little + indénombrable / *a few* + dénombrable

- We have **a little** time to finish.
  Nous avons un peu de temps pour finir.
- He came **a few** minutes later.
  Il arriva quelques minutes plus tard.

IV Pour exprimer une quantité insuffisante

Little + indénombrable / *few* + dénombrable

- He earns **little** money. Il gagne peu d'argent.
- **Few** *people liked the play*. Peu de gens ont aimé la pièce.

Les nombres

31

☐ OK

Selon que l'on veut compter ou classer, on recourt aux nombres cardinaux ou ordinaux.

I Les nombres cardinaux : pour compter

- En apprenant ces nombres, on peut déduire tous les autres.

1 one	**6** six	**11** eleven	**16** sixteen
2 two	**7** seven	**12** twelve	**17** seventeen
3 three	**8** eight	**13** thirteen	**18** eighteen
4 four	**9** nine	**14** fourteen	**19** nineteen
5 five	**10** ten	**15** fifteen	**20** twenty

26 twenty-six	**48** forty-eight	**67** sixty-seven	**80** eighty
30 thirty	**50** fifty	**70** seventy	**90** ninety

100 one hundred	**1,000** one thousand	**1,000,000** one million

- Pour les nombres au-delà de 100, ne pas oublier *and*.

112 : one hundred **and** twelve
8,412 : eight thousand four hundred **and** twelve

II Les nombres ordinaux : pour classer

- Ils se forment en ajoutant *-th* au nombre cardinal (sauf pour 1er, 2e et 3e).

1st first	**3rd** third	**5th** fifth	**7th** seventh	**9th** ninth
2nd second	**4th** fourth	**6th** sixth	**8th** eighth	**10th** tenth

ATTENTION **12th** : twelfth **20th** : twentieth

- Ils servent pour les fractions et les noms de souverains.

1/3 : one third 2/5 : two fifths Henri VIII : Henry the Eighth

NOTEZ BIEN

Pour dire une date à l'oral, on a recours aux ordinaux.

14th January, 2012 (GB)/January 14, 2012 (US)
On dit : **the fourteenth** of January two thousand and twelve
ou January **the fourteenth**, two thousand and twelve.

Les pronoms personnels et réfléchis

32

☐ OK

Les pronoms personnels et réfléchis varient en personne et en nombre.

I Les formes

pronoms personnels sujets	pronoms personnels compléments	pronoms réfléchis
I	me	myself
you	you	yourself
he / she / it	him / her / it	himself / herself / itself
we	us	ourselves
you	you	yourselves
they	them	themselves

II Les emplois

- Le **pronom personnel complément** se place après le verbe.
  - She likes **him**. Elle l'aime bien.
  - Paul gave **us** some money. Paul nous a donné de l'argent.
- Le **pronom réfléchi** est employé lorsque le sujet et le complément représentent la même personne.

  She is talking to **herself**. Elle se parle à elle-même.

ATTENTION Certains **verbes pronominaux** français ont pour équivalent des verbes **sans pronom réfléchi** en anglais : *wake up* (se réveiller), *get up* (se lever), *wash* (se laver), *shave* (se raser), *make up* (se maquiller), *dress* (s'habiller), *hurry up* (se dépêcher).

I **get up** at 6. Je me réveille à 6 heures.

NOTEZ BIEN

Ne confondez pas les pronoms réfléchis (*myself, yourself*…) et les **pronoms réciproques**, qui expriment une interaction entre deux personnes (*each other, one another*).

They wrote to **each other** (one another).
Ils se sont écrit.

Le génitif. Les possessifs

33

☐ OK

La possession s'exprime de plusieurs façons en anglais, dont le génitif et les possessifs.

I Le génitif

Le génitif, appelé aussi cas possessif, sert à exprimer un lien entre deux noms : il peut s'agir d'un lien d'appartenance ou d'un lien plus abstrait.

1 Construction

- Le génitif se construit de la façon suivante :

nom au singulier **ajouter 's**	my friend**'s** computer l'ordinateur de mon ami
nom au pluriel **ajouter '**	your cousins' car la voiture de tes cousins
pluriel irrégulier **ajouter 's**	the men**'s** hats les chapeaux des hommes
nom singulier en -s **ajouter 's**	my boss**'s** son le fils de mon patron

- Notez bien l'ordre des mots, inverse de celui du français, et la suppression de l'article devant le nom complété par le génitif.

ATTENTION Comparez ces deux exemples :

- **Allison and Jessica's** room
  la chambre d'Allison et Jessica [une seule chambre pour deux]
- **Allison's and Jessica's** rooms
  les chambres d'Allison et de Jessica [une chambre chacune]

- Le nom à droite du génitif peut être sous-entendu :
- quand il vient d'être mentionné ;

  I like Helen's car, but I don't like **Fred's (car)**.
  J'aime la voiture d'Helen, mais je n'aime pas celle de Fred.

- quand il désigne un lieu public (*shop, church, cathedral*) ou un domicile (*house*).

  I went to **the baker's (shop)**. Je suis allé chez le boulanger.

  I visited **St Paul's (cathedral)**. J'ai visité la cathédrale St Paul.

  I'll sleep at **Jane's (house)**. Je dormirai chez Jane.

2 Valeurs

- Le génitif exprime souvent l'appartenance. Il a alors une valeur similaire à celle des déterminants possessifs.

  Laura's new boyfriend = **her** new boyfriend

ATTENTION Pas *the* devant le nom propre au génitif.

- Le génitif peut désigner une date ou une durée.
  - **today's** paper : le journal d'aujourd'hui
  - **yesterday's** meeting : la réunion d'hier
  - **tomorrow's** show : le spectacle de demain
  - **a month's** holiday : un mois de vacances
  - **five minutes'** walk : cinq minutes à pied

- Le génitif ne peut pas être utilisé :
  - avec des noms d'objets concrets ;
    the door **of** the garage : la porte du garage
  - avec un adjectif substantivé ;
    the mentality **of** the English : la mentalité des Anglais
  - quand il n'y a pas d'idée de possession.
    a waltz **by** Chopin : une valse de Chopin

II Déterminants et pronoms possessifs

déterminants possessifs	pronoms possessifs
my (ball)	mine
your (ball)	yours
his / her / its (ball)	his / hers / its
our (ball)	ours
your (ball)	yours
their (ball)	theirs

- À la 3e personne du singulier, le déterminant possessif varie selon le genre du possesseur.
  - Cathy's name → **her** name : son nom [à elle]
  - Greg's name → **his** name : son nom [à lui]
  - the name of the dog → **its** name : son nom [de l'objet, de l'animal]

- Le pronom possessif remplace un groupe nominal précédé d'un déterminant possessif.

  This is my book; it's **mine**.
  C'est mon livre ; c'est le mien.

L'adjectif qualificatif

34

☐ OK

En anglais, l'adjectif qualificatif est invariable.

I Emplois de l'adjectif qualificatif

- L'adjectif qualificatif peut être attribut ou épithète.
  - The socks are **blue**. Les chaussettes sont bleues. [attribut]
  - The **blue** socks are dirty. Les chaussettes bleues sont sales. [épithète]
- Lorsque plusieurs adjectifs se suivent, il faut respecter l'ordre suivant.

	appréciation	taille, forme	âge	couleur	origine	matière	
(a)	beautiful	small	new	black	Italian	plastic	car

- Certains adjectifs (*afraid, awake*…) ne peuvent s'employer que comme attributs. Comme épithète, on emploie un adjectif de sens voisin.
  - The child is **ill**. L'enfant est malade. [attribut]
  - a **sick** child : un enfant malade [épithète]

II Cas particuliers

- Les participes passés et présents peuvent être adjectifs.

Paul is **bored** because the lecture is **boring**.
Paul s'ennuie, parce que la conférence est ennuyeuse.

- Les adjectifs composés sont formés de deux éléments.

adjectif + nom + -ed
blue-eyed ; black-haired ; old-fashioned ; left-handed
adjectif + verbe + -ing
good-looking ; hard-working ; easy-going ; low-flying
nom ou adverbe + participe passé
hand-made ; snow-covered ; well-behaved ; heartbroken
adjectif ou nom + adjectif (couleur)
light-blue ; snow-white ; dark-grey ; sky-blue ; lemon-yellow

- Les adjectifs de nationalité prennent toujours une majuscule.

Greg and Allan are **American**. Greg et Allan sont américains.

Comparatif et superlatif

35

☐ OK

1 Former un comparatif

Comparatif de supériorité

- Adjectif court + *-er* + *than*

My car is **faster than** yours. Ma voiture est plus rapide que la tienne.

- *More* + adjectif long + *than*

Her perfume is **more expensive than** mine.
Son parfum est plus cher que le mien.

ATTENTION Notez bien l'orthographe de certains comparatifs.

big → bigger fat → fatter happy → happier

Comparatif d'infériorité : *less* + adjectif (long ou court) + *than*

This film is **less interesting than** the novel.
Le film est moins intéressant que le roman.

Comparatif d'égalité : *as* + adjectif (long ou court) + *as*

Helen is (not) **as funny as** Jane.
Helen (n')est (pas) aussi drôle que Jane.

Double comparatif pour exprimer une progression

- more and more difficult : de plus en plus difficile
- easier and easier : de plus en plus facile
- less and less interesting : de moins en moins intéressant

2 Former un superlatif de supériorité

- *The* + adjectif court + *-est*

Exercise 3 is **the easiest**. L'exercice 3 est le plus facile.

- *The most* + adjectif long

Exercice 1 is **the most difficult**. L'exercice 1 est le plus difficile.

NOTEZ BIEN

Certains comparatifs et superlatifs sont irréguliers.

adjectif	comparatif	superlatif
good	better	the best
bad	worse	the worst
far	farther	the farthest
little	less	the least

Quiz EXPRESS

36

Avez-vous bien révisé les fiches 27 à 35 ? On vérifie !

Réviser : le groupe nominal

1 *Is* ou *are* ?

FICHE 27

1. Her advice ☐ a. is ☐ b. are very useful!
2. My feet ☐ a. is ☐ b. are dirty.
3. I have just watched TV. The news ☐ a. isn't ☐ b. aren't good.

2 *Some, any* ou *no* ?

FICHE 29

1. There aren't .... eggs left.
2. Sorry, there are .... chairs in this room.
3. Would you like .... chocolate cake?
4. You can take .... book you want.

3 Exprimer la quantité

FICHE 30

1. He was sad: ☐ a. a few ☐ b. few friends came to his wedding.
2. I'm sick. I've just drunk ☐ a. too much ☐ b. too many soda.
3. Please, put ☐ a. a little ☐ b. little milk in my teacup.

4 Pronoms

FICHES 32 ET 33

Complétez avec le pronom qui convient.

1. I'm travelling with my cousin, come with ....
2. Your luggage is too heavy. I can't carry ....
3. My friends have just bought this restaurant; it's .... now.
4. Lucas said to his sister she never played football with ....

5 Le génitif

FICHE 33

Formez un génitif quand c'est possible. (Ajoutez l'article si nécessaire.)

1. meeting/Friday: ....
2. name/street: ....
3. balls/boys: ....
4. drive/two hours: ....
5. book/Dickens: ....
6. bike/your brother: ....

CORRIGÉS

1 *Is* ou *are* ?

1. a. is : *advice*, comme *information*, est suivi d'un verbe au singulier.

2. b. are : *feet* (pluriel irrégulier de *foot*) + verbe au pluriel.

3. a. isn't : *news* est suivi d'un verbe au singulier.

2 *Some, any* ou *no* ?

1. any : car la phrase est négative.

2. no : car la phrase ne contient pas d'autre négation.

3. some : *some* indique que l'on fait une demande polie, on sait qu'il y a du gâteau.

4. any : ici, *any book* a le sens de « n'importe quel livre ».

3 Exprimer la quantité

1. b. few : *few* est suivi d'un dénombrable pluriel. Il a le sens de « peu de » qui fait écho à *He was sad*.

2. a. too much : quantité excessive + indénombrable singulier.

3. a. a little : faible quantité + indénombrable singulier.

4 Pronoms

1. us : pronom personnel complément correspondant à *we*.

2. it : *it* remplace *luggage* (toujours au singulier), ici *it* est pronom personnel complément.

3. theirs : pronom possessif qui correspond au sujet *my friends* (*they*).

4. him : pronom possessif *him*, car le sujet (*Lucas*) est masculin.

5 Le génitif

1. Friday's meeting : possible car *Friday* désigne une date.

2. the name of the street : impossible avec un objet concret.

3. the boys' balls : possible (possession), *'* avec un nom pluriel.

4. two hours' drive : possible car *two hours* désigne une durée.

5. a book by Dickens : impossible, pas d'idée de possession.

6. your brother's bike : possible, *'s* avec un nom singulier.

Be

37

☐ OK

Be est soit un auxiliaire, soit un verbe ordinaire qui signifie « être », « se trouver ».

I Conjugaison de *be*

- Conjugaison au présent

affirmation	interrogation	négation
I am you are he/she/it is we are you are they are	am I? are you? is he/she/it? are we? are you? are they?	I am not you are not he/she/it is not we are not you are not they are not

- Conjugaison au prétérit

affirmation	interrogation	négation
I was you were he/she/it was we were you were they were	was I? were you? was he/she/it? were we? were you? were they?	I was not you were not he/she/it was not we were not you were not they were not

- Forme du participe passé

Le participe passé de *be* est *been.*

I've never **been** very good at maths.
Je n'ai jamais été très bonne en maths.

II *Be* auxiliaire

- Il sert à former le présent en *be* + *V-ing*.

She **is riding** her bike.
Elle fait du vélo.

- Il sert à former le prétérit en *be* + *V-ing*.

They **were washing** their car.
Ils étaient en train de laver leur voiture.

- Il sert à former le passif.

  America **was discovered** by Christopher Columbus.
  L'Amérique a été découverte par Christophe Colomb.

III *Be* verbe ordinaire

- *Be* verbe ordinaire signifie « être », « se trouver ».

  - **I'm** in London at the moment.
    Je suis à Londres en ce moment.
  - Judy **is** furious.
    Judy est furieuse.
  - It can't **be** true!
    Cela ne peut pas être vrai !

- Certaines expressions avec *be* en anglais ont pour équivalent un autre verbe qu'« être » en français.

I am hungry / thirsty : j'ai faim / soif I am afraid : j'ai peur I am fifteen : j'ai 15 ans I am right / wrong : j'ai raison / tort	I am cold / hot : j'ai froid / chaud I am sleepy : j'ai sommeil I am lucky : j'ai de la chance I am fine : je vais bien

- Traductions de « il y a »

- *There is* + nom singulier

  There is a computer in my room.
  Il y a un ordinateur dans ma chambre.

- *There are* + nom pluriel

  There are two cats in the garden.
  Il y a deux chats dans le jardin.

- *There was* / *There were* : « il y avait »

  There was a large crowd in the street.
  Il y avait une grande foule dans la rue.

  There were too many people in the store.
  Il y avait trop de monde dans le magasin.

- *There will be* : « il y aura »

  There will be a new play next year.
  Il y aura une nouvelle pièce l'année prochaine.

Have

38

☐ OK

Have est soit un auxiliaire, soit un verbe ordinaire qui exprime l'idée de possession.

I Conjugaison de *have* verbe ordinaire

- Conjugaison au présent : deux formes possibles

affirmation	interrogation	négation
I have	do I have?	I don't have
I have got	have I got?	I haven't got
you have	do you have?	you don't have
you have got	have you got?	you haven't got
he/she/it has	does he/she/it have?	he/she/it doesn't have
he/she/it has got	has he/she/it got?	he/she/it hasn't got
we have	do we have?	we don't have
we have got	have we got?	we haven't got
you have	do you have?	you don't have
you have got	have you got?	you haven't got
they have	do they have?	they don't have
they have got	have they got?	they haven't got

- **Do** you **have** time for a drink?
  Tu as le temps de prendre un verre ?

- Le prétérit de *have* est **had** (*did I have?, didn't have*).
  - He **had** a great time in Italy last summer.
    Il s'est bien amusé en Italie l'été dernier.
- Le participe passé de *have* est **had**.

II *Have* auxiliaire

- Il sert à former le *present perfect* (*have/has* + participe passé).

  I **have studied** a lot.
  J'ai beaucoup étudié.

- Il sert à former le *past perfect* (*had* + participe passé).

  She **had** never **met** him before.
  Elle ne l'avait jamais rencontré avant.

III *Have* verbe ordinaire

- *Have* exprime la possession.
  - **I have (got)** a dog.
    J'ai un chien.
  - **Do** you **have** a dog? / **Have** you **got** a dog? (GB)
    Est-ce que tu as un chien ?

- Certaines expressions avec *have* sont traduites par un autre verbe qu'« avoir » en français.
  - have a shower / a bath : prendre une douche / un bain
  - have a lesson : prendre un cours
  - have breakfast : prendre le petit déjeuner
  - have lunch / dinner : prendre le déjeuner / le dîner
  - have tea : prendre le thé
  - have a drink : prendre un verre
  - have a good time : s'amuser
  - have a walk : se promener
  - have a break : faire une pause
  - have a rest : se reposer

Dans ce cas, *have* est considéré comme un verbe ordinaire et non pas comme auxiliaire : il peut se mettre à la forme en *be + V-ing* et se conjugue toujours avec *do, does ou did*.

- She**'s having** dinner.
  Elle est en train de dîner.
- **Do** you **have** a tennis lesson today?
  Est-ce que tu as un cours de tennis aujourd'hui ?
- **Did** you **have** a good time?
  Est-ce que tu t'es amusé ?

NOTEZ BIEN

Have to + verbe permet d'exprimer l'obligation.

I **have (got) to do** it now.
Je dois le faire maintenant.
When **do** you **have to call** her?
Quand dois-tu l'appeler ?

Le présent simple

39

☐ OK

Le présent simple permet d'énoncer des faits habituels ou permanents.

I Conjugaison du présent simple

affirmation	interrogation	négation
I live you live he/she/it lives we live you live they live	do I live? do you live? does he/she/it live? do we live? do you live? do they live?	I do not live you do not live he/she/it does not live we do not live you do not live they do not live

II Emplois du présent simple

- Le présent simple sert à exprimer des vérités générales.

  The Moon **revolves** around the Earth.
  La Lune tourne autour de la Terre.

- Il permet d'exprimer des actions habituelles ou fréquentes.
  - I **take** the train at 7.30 every morning.
    Je prends le train à 7 heures 30 tous les matins.
  - They often **go** to the theatre.
    Ils vont souvent au théâtre.

- Il traduit la permanence d'une situation.

  They **live** in London. Ils habitent à Londres.

- Les verbes relatifs à la pensée et aux goûts comme *agree, believe, want, know, remember, love, like* ou *hate* ne s'emploient qu'à la forme simple.
  - I **agree** with her.
    Je suis d'accord avec elle.
  - She **believes** in God.
    Elle croit en Dieu.
  - She **likes** tea.
    Elle aime le thé.
  - I **know** him.
    Je le connais.

Le présent en *be + V-ing*

40

☐ OK

Le présent en *be + V-ing* permet d'énoncer des actions en cours de déroulement.

I Conjugaison

affirmation	interrogation	négation
I am living you are living he/she/it is living we are living you are living they are living	am I living? are you living? is he/she/it living? are we living? are you living? are they living?	I am not living you are not living he/she/it is not living we are not living you are not living they are not living

II Emplois

- Le présent en *be + V-ing* exprime une action en cours.

  They **are watching** a film.
  Ils sont en train de regarder un film.

- Il peut s'employer pour une action prévue dans un futur proche.

  We **are leaving** tonight.
  Nous partons ce soir.

- Il peut exprimer l'insistance.

  You**'re bothering** me! Leave me alone!
  Tu me déranges ! Laisse-moi tranquille !

- Utilisé avec un adverbe de fréquence, il exprime l'agacement.

  You**'re always criticising** me!
  Tu es toujours en train de me critiquer !

- Il s'utilise avec les verbes de position.
  - They **are standing**.
    Ils sont debout.
  - He **is sitting**.
    Il est assis.
  - We **are lying**.
    Nous sommes allongés.

Le prétérit. *Ago*

41

☐ OK

Le prétérit exprime une rupture par rapport au présent.

I Le prétérit simple

1 Conjugaison

- Conjugaison d'un verbe régulier : *live* (vivre)

affirmation	interrogation	négation
I lived you lived he/she/it lived we lived you lived they lived	did I live? did you live? did he/she/it live? did we live? did you live? did they live?	I did not live you did not live he/she/it did not live we did not live you did not live they did not live

- Conjugaison d'un verbe irrégulier : *see* (voir)

affirmation	interrogation	négation
I saw you saw he/she/it saw we saw you saw they saw	did I see? did you see? did he/she/it see? did we see? did you see? did they see?	I did not see you did not see he/she/it did not see we did not see you did not see they did not see

2 Emplois

- Le prétérit simple exprime une action passée et datée.
  - She **left** yesterday.
    Elle est partie hier.
  - He **got married** in 2003.
    Il s'est marié en 2003.
  - We **arrived** a week ago.
    Nous sommes arrivés il y a une semaine.
- Il exprime une action terminée en opposition avec le présent.

  She **lived** with Jane. (She no longer lives with her.)
  Elle habitait avec Jane. (Elle n'habite plus avec elle.)

- Il exprime une habitude dans le passé. Il peut alors être remplacé par *used to.*

  When I was younger I **danced** (I **used to** dance) all night.
  Quand j'étais plus jeune, je dansais toute la nuit.

- Il permet de parler de circonstances qui n'existent pas dans la réalité.

  If I **had** time, I would travel more.
  Si j'avais le temps, je voyagerais davantage.

- Il peut exprimer un regret, une insatisfaction.

  I wish I **lived** in London. J'aimerais vivre à Londres.

NOTEZ BIEN

Ago se traduit par « il y a » + une indication temporelle.
Il est toujours utilisé avec un prétérit.

She **left** ten minutes **ago**.
Elle est partie il y a dix minutes.

II Le prétérit en *be + V-ing*

affirmation	interrogation	négation
I was living you were living he/she/it was living we were living you were living they were living	was I living? were you living? was he/she/it living? were we living? were you living? were they living?	I was not living you were not living he/she/it was not living we were not living you were not living they were not living

- Le prétérit en *be* + *V-ing* décrit une action en cours dans le passé.

  At 6, they **were already jogging** in the park.
  À 6 heures, ils étaient déjà en train de faire du jogging dans le parc.

- Il sert à parler d'une action en opposition avec le prétérit simple. Le prétérit en *be* + *V-ing* exprime l'action en cours ; le prétérit simple exprime un fait nouveau qui se produit.

  I **was washing** the dishes when the phone rang.
  Je faisais la vaisselle quand le téléphone sonna.

Le *present perfect*. For et since

42

☐ OK

Le *present perfect* exprime un lien entre le passé et le présent.

I Le *present perfect* simple

1 Conjugaison

affirmation	interrogation	négation
I have lived you have lived he/she/it has lived we have lived you have lived they have lived	have I lived? have you lived? has he/she/it lived? have we lived? have you lived? have they lived?	I have not lived you have not lived he/she/it has not lived we have not lived you have not lived they have not lived

Formes contractées : have not → **haven't** ; has not → **hasn't**

2 Emplois

- Le *present perfect* décrit une action passée dont on constate le résultat.

  I **have lost** my key. J'ai perdu ma clé.
  [→ résultat : je ne peux pas ouvrir ma porte]

- Il décrit une action passée dont la date n'est pas indiquée.

  I **have read** this book. J'ai lu ce livre.

- Il décrit une action récente, qui vient de se produire. Dans ce cas, il se forme avec *just*.

  I **have just posted** the letter. Je viens de poster la lettre.

- Il s'emploie souvent avec les adverbes *never, ever, already, not yet* et *so far* (jusqu'à présent).

  - Have **you ever travelled** alone?
    As-tu déjà voyagé seul ?
  - They **haven't started yet**.
    Ils n'ont pas encore commencé.

- Il s'utilise aussi pour parler d'une action commencée dans le passé qui se poursuit dans le présent. Le temps employé en français est alors le présent.

  I've lived here for ten years. J'habite ici depuis dix ans.

II Le *present perfect* en *be + V-ing*

affirmation	interrogation	négation
I have been living	have I been living?	I have not been living
you have been living	have you been living?	you have not been living
he/ she/it has been living	has he/she/it been living?	he/she/it has not been living
we have been living	have we been living?	we have not been living
you have been living	have you been living?	you have not been living
they have been living	have they been living?	they have not been living

Il sert à faire le bilan d'une activité passée récente. On envisage l'action dans son déroulement. Comparez ces deux exemples.

- I **have painted** my room.
  J'ai peint ma chambre.
  [On s'intéresse au résultat présent et donc à l'objet : la chambre est peinte, elle est terminée.]
- I **have been painting** my room.
  J'ai peint ma chambre.
  [On s'intéresse à l'activité (peindre) et donc au sujet. On ne sait pas si la chambre est terminée.]

ATTENTION Les auxiliaires *be* et *have* ainsi que les verbes *know, like, hate, reach, lose, want* et *remember* ne peuvent pas se mettre à la forme en *be + V-ing*.

- I**'ve had** this car since 2008.
  J'ai cette voiture depuis 2008.
- I **have known** Jane for one year.
  Je connais Jane depuis un an.

III Le *present perfect* avec *for* et *since* (depuis)

- *For* exprime la durée d'une action : *for two years, for an hour, for five minutes, for a long time, for ages…*

  We **have been travelling for** a month.
  Nous voyageons depuis un mois.

- *Since* exprime le point de départ d'une action : *since 2000, since one o'clock, since April 30th, since Christmas, since I met him…*

  It **has been raining since** this morning.
  Il pleut depuis ce matin.

Le *past perfect*

43

☐ OK

Le *past perfect* exprime un lien entre deux moments passés.

I Le *past perfect* simple

affirmation	interrogation	négation
I had lived you had lived he/she/it had lived we had lived you had lived they had lived	had I lived? had you lived? had he/she/it lived? had we lived? had you lived? had they lived?	I had not lived you had not lived he/she/it had not lived we had not lived you had not lived they had not lived

Forme contractée : had not → **hadn't**

- Le *past perfect* (ou *pluperfect*) sert à décrire un événement antérieur à un autre événement passé ou à une période passée.

  She **had left** when I arrived. Elle était partie quand je suis arrivée.

- Il sert à parler de situations non réelles dans le passé.

  If only I **had told** him... Si seulement je lui avais dit...

II Le *past perfect* en *be + V-ing*

affirmation	interrogation	négation
I had been living you had been living he/she/it had been living we had been living you had been living they had been living	had I been living? had you been living? had he/she/it been living? had we been living? had you been living? had they been living?	I had not been living you had not been living he/she/it had not been living we had not been living you had not been living they had not been living

Le *past perfect* en *be* + *V-ing* permet de décrire une action commencée dans le passé et qui est toujours en cours à un autre moment du passé. On l'utilise généralement avec *for* ou *since*. Il correspond à l'imparfait français.

She **had been reading** for one hour when we arrived.
Elle lisait depuis une heure quand nous sommes arrivés.

L'expression de l'avenir

44

☐ OK

Il y a plusieurs manières d'exprimer l'avenir en anglais.

1 Le recours à des formes de présent

- On utilise un **présent en *be* + *V-ing*** pour parler d'une action prévue, décidée à l'avance. Le sujet est un être animé.

  She**'s coming** at 5. Elle vient à 5 heures.

- Le **présent simple** s'emploie pour parler d'un programme ou d'un horaire.

  The plane **leaves** at 9. L'avion part à 9 heures.

- ***Be going to* + base verbale** sert à parler d'une intention, d'une résolution ou du pronostic d'un événement.
  - **I'm going to call** her. Je vais l'appeler.
  - She**'s going to buy** a bike. Elle va acheter un vélo.
  - They**'re going** to lose the game! Ils vont perdre le match !

2 Les structures avec l'auxiliaire *will*

- ***Will* + base verbale** s'emploie couramment pour parler d'un événement à venir, d'une projection dans l'avenir.

  I'll do it next Monday.
  Je le ferai lundi prochain.

ATTENTION La **forme négative** contractée de *will not* est *won't*.

They **won't come** tonight.
Ils ne viendront pas ce soir.

Won't exprime aussi le refus. ▶ FICHE 5

- La forme *will be* + *V-ing* permet de dire qu'une action sera en train de se dérouler à un **moment du futur**.

  What **will** you **be doing** tomorrow at this time?
  Que seras-tu en train de faire demain à cette heure-ci ?

NOTEZ BIEN

Dans les **subordonnées de temps** à sens futur introduites par *when* ou *as soon as*, le verbe de la subordonnée est au **présent** (alors qu'il est au futur en français).

We'll go out when he **comes** back.
Nous sortirons quand il reviendra.

Les modaux

☐ OK

Les modaux ont la même forme à toutes les personnes ; ils n'ont pas d'infinitif ; ils sont suivis de la base verbale ; ils se conjuguent sans auxiliaire.

I Les principaux modaux et leurs équivalents

Pour certains temps, il faut utiliser des équivalents à conjuguer.

- *Can* ou *be able to* expriment la capacité.

• He **can** swim. [présent] → He **will be able** to swim. [expression de l'avenir]

• He **could** swim. [prétérit] → He **has been able** to swim. [present perfect]

- *Must* ou *have to* expriment l'obligation.

I **must** wear a uniform. [présent] → You'**ll have to** wear a uniform. [expression de l'avenir]

REMARQUE *Musn't* exprime l'interdiction. *Don't have to* exprime l'absence d'obligation.

- *May* ou *be allowed to* expriment la permission.

You **may** go to the party.
Tu peux aller à la soirée.

- *May* et *be likely to* (il est probable que) expriment la probabilité.

She **is likely to** come. Ou : She **may** come.
Il est probable qu'elle vienne.

REMARQUE La probabilité dans le futur s'exprime avec *will ('ll) + probably/possibly/maybe/certainly/perhaps*.

They'**ll probably** come next week.
Ils viendront probablement la semaine prochaine.

II Modal + *have* + participe passé

- *Could have* + participe passé : possibilité dans le passé

I **could have helped** her. J'aurais pu l'aider.

- *Should have* + participe passé : reproche

You **should have told** me. Tu aurais dû me le dire.

- *Would have* + p. passé : événement non réalisé dans le passé

  I **would have given** you my e-mail address, if you had asked me.
  Je t'aurais donné mon e-mail si tu me l'avais demandé.

III Tableau récapitulatif

can/could	
permission	**Can** I smoke here?
absence de permission	You **can't** smoke here.
capacité physique capacité intellectuelle	He **can** lift this weight. He **can** speak five languages.
incapacité	I **couldn't** do this exercise.
demande polie	**Can/Could** you pass me the water?
impossibilité	He **can't** be the thief.
must	
obligation	You **must** be here before 10.
interdiction	You **mustn't** walk on the grass.
déduction	You **must** be tired.
may/might	
probabilité	She **may/might** come.
suggestion	We **might** visit the museum.
permission	**May** I come in?
should/ought to	
conseil	You **should/ought to** smoke less.
shall	
suggestion	**Shall** we go to the cinema?
will	
expression de l'avenir	**I'll** go to Rome next week.
suggestion	**Will** you do it for me?
would	
conditionnel	I **would** lend you money if I had some.
demande polie	**Would** you carry my bag, please?
souhait	I **would** like to travel more.

Would et *should*

46

☐ OK

Would et *should* sont deux modaux. ▶ FICHE 45
Would peut exprimer la condition et d'autres nuances.
Should peut exprimer le conseil ou le reproche.

I *Would*

- *Would* sert à formuler une demande polie.

  Would you **open** the window, please?
  Pourriez-vous ouvrir la fenêtre, s'il vous plaît ?

- *Would* sert à exprimer le souhait, le désir.

  I **would like** to visit Ireland.
  J'aimerais visiter l'Irlande.

- *Would* + base verbale permet d'exprimer la condition. Il s'emploie après *if* + prétérit.

  If I had her address, I **would send** her an invitation.
  Si j'avais son adresse, je lui enverrais une invitation.

- *Would have* + participe passé exprime au passé la conséquence d'une hypothèse. *If* est suivi dans ce cas du *past perfect*.

  If I **had seen** the price, I **would have bought** it.
  Si j'avais vu le prix, je l'aurais acheté.

II *Should*

- *Should* exprime une obligation atténuée, un conseil d'ordre moral (traduit en français par un conditionnel présent).

  You **should stop** smoking.
  Tu devrais arrêter de fumer.

- Il exprime une quasi-certitude.

  This bus **should take** us to the station.
  Ce bus devrait nous conduire à la gare.

- *Should have* + participe passé exprime le reproche.

  She **should have called** earlier.
  Elle aurait dû appeler plus tôt.

Used to et would

47

☐ OK

Used to sert à exprimer l'habitude dans le passé ou un passé révolu. Cette tournure entre souvent en concurrence avec *would*.

I *Used to* + verbe

- *Used to* exprime ce que l'on avait l'habitude de faire et que l'on ne fait plus.

  He **used to play** tennis twice a week when he lived in York.
  Il jouait au tennis deux fois par semaine quand il vivait à York.

  [On insiste sur le fait que ce n'est plus vrai aujourd'hui.]

- *Used to,* contrairement à *would,* permet aussi d'exprimer un état dans le passé qui est révolu.

  There **used to be** a school in this street.

  Autrefois, il y avait une école dans cette rue. [Ici, il s'agit d'un état et non d'une habitude passée, *would* serait donc impossible.]

ATTENTION Aux formes interrogative et négative, on utilise *did/didn't*.

- Where **did** you **use to go** when you were a student?
  Où avais-tu l'habitude d'aller quand tu étais étudiant ?
- I **didn't use to watch** series. Je ne regardais pas les séries.

NOTEZ BIEN

- Ne confondez pas *used to* avec *be used to* + *V-ing* qui signifie « être habitué à » et s'emploie pour le passé comme pour le présent.
  I **am used to living** in the country.
  Je suis habitué à vivre à la campagne.
  I **was used to swimming**. J'avais l'habitude de nager.
- *Get used to* + *V-ing* signifie « s'habituer à ».
  You'll **get used** to driving! Tu t'habitueras à conduire !

II *Would* et le renvoi au passé

Would peut remplacer *used to* pour exprimer une habitude au passé.

When we were younger, we **would go** for long walks in the forest.
Quand nous étions plus jeunes, nous faisions de longues promenades en forêt.

ATTENTION Dans ce cas, *would* se traduit par un imparfait en français.

La voix passive

48

☐ OK

On emploie plus fréquemment le passif en anglais qu'en français.

I Construction de la forme passive

- La forme passive se construit toujours avec l'auxiliaire *be* + participe passé. L'auxiliaire peut s'employer à tous les temps et à toutes les formes.
- S'il y a un complément d'agent, il est introduit par *by*.

  My radio **was repaired by** John.
  Ma radio a été réparée par John.

- Souvent, l'agent n'est pas mentionné (quand on ne le connaît pas ou qu'il importe peu).
  - I **was raised** in England.
    J'ai été élevé en Angleterre.
  - **Is** English **spoken** here?
    Est-ce qu'on parle anglais ici ?

NOTEZ BIEN

Le passif correspond souvent au « on » français.

A bridge **is being built**.
On est en train de construire un pont.
She **is followed**. On la suit.

- La forme en *be* + *V-ing* indique que l'action décrite est en cours de déroulement.

  My computer **is being repaired**.
  Mon ordinateur est en réparation.

II Emplois particuliers

- Lorsqu'un verbe est suivi d'une particule, celle-ci doit être conservée au passif.
  - take care of → She **is taken care of**.
    On s'occupe d'elle.
  - carry out → This experiment **was carried out last year**.
    On a mené cette expérience l'année dernière.

Les verbes suivis de **deux compléments** d'objet (direct et indirect) ont **deux constructions** au passif. Ce sont des verbes tels que *bring*, *ask*, *give*, *teach*, *send*, *show*, *expect* ou *tell*.

He sent **me flowers.** [me: compl. 1] [flowers: compl. 2]

→ I was sent flowers. [plus fréquent]

Ou : Flowers were sent to me.

III Tableau récapitulatif

Observez que l'auxiliaire *be* du verbe passif est au même temps que le verbe actif.

Phrase active	Phrase passive
présent simple	
Ben **paints** the wall. Ben peint le mur.	The wall **is painted** by Ben. Le mur est peint par Ben.
présent en be + V-ing	
Ben **is painting** the wall.	The wall **is being painted** by Ben.
prétérit	
Ben **painted** the wall.	The wall **was painted** by Ben.
prétérit en be + V-ing	
Ben **was painting** the wall.	The wall **was being painted** by Ben.
present perfect	
Ben **has painted** the wall.	The wall **has been painted** by Ben.
avenir	
Ben **will paint** the wall.	The wall **will be painted** by Ben.
past perfect (ou pluperfect)	
Ben **had painted** the wall.	The wall **had been painted** by Ben.
futur immédiat	
Ben **is going to paint** the wall.	The wall **is going to be painted** by Ben.
can	
Ben **can paint** the wall.	The wall **can be painted** by Ben.
must	
Ben **must paint** the wall.	The wall **must be painted** by Ben.

Quiz EXPRESS

49

Avez-vous bien révisé les fiches 37 à 48 ? On vérifie !

Réviser : le verbe

1 L'expression de l'avenir

▶ FICHE 44

1. We will have dinner when Ben ☐ a. is ☐ b. will be back.
2. My penfriend ☐ a. arrives ☐ b. is arriving tomorrow morning.
3. I ☐ a. am going to ☐ b. will visit my grandmother.
4. I am sure he ☐ a. will become ☐ b. is becoming famous one day.
5. The football match ☐ a. finishes ☐ b. is finishing at 10 pm.

2 *Would, should* ou *used to* ?

▶ FICHES 46 ET 47

1. When I was a child, I .... visit my aunt every Sunday.
2. The plane .... be on time.
3. You look extremely tired; you .... see a doctor.
4. When I was 16, I .... jog every morning.
5. If I had more money, I .... travel more.
6. You are late; you .... have taken a taxi.
7. I remember there .... be a cinema next to the supermarket.
8. .... you carry this bag, please?

3 Actif ou passif ?

▶ FICHE 48

1. Raphael ☐ a. wrote ☐ b. was written a letter.
2. All the juice ☐ a. is being drunk ☐ b. is drinking by the guests.
3. Romane ☐ a. will buy ☐ b. will be bought a pet.
4. Spanish ☐ a. is speaking ☐ b. is spoken in this store.
5. I ☐ a. gave ☐ b. was given a ring.
6. Sam ☐ a. will repair ☐ b. will be repaired the gate.

CORRIGÉS

1 L'expression de l'avenir

1. a. is : présent simple après *when* dans une subordonnée de temps.

2. b. is arriving : présent en *be +V-ing,* car l'action est prévue et le sujet est bien une personne (être animé).

3. a. am going to : on emploie *be going to* pour parler d'une intention.

4. a. will become : *will* s'utilise pour une projection dans l'avenir.

5. a. finishes : présent simple, car il s'agit d'un horaire.

2 *Would, should* ou *used to* ?

1. would : ici, *would* exprime une habitude (*every Sunday*) dans le passé (*when I was a child*).

2. should : ici, *should* exprime la quasi-certitude.

3. should : on emploie *should* pour le conseil.

4. used to : la personne qui parle avait l'habitude de faire du jogging chaque matin et ne le fait plus.

5. would : après *if* + prétérit, *would* exprime la condition.

6. should : *should have* + participe passé exprime le reproche.

7. used to : *used to* exprime un état, un passé révolu.

8. Would : ici, *would* exprime une demande polie.

3 Actif ou passif ?

1. a. wrote : actif, c'est Raphael qui a écrit la lettre.

2. a. is being drunk : passif, et il y a un complément d'agent (*by the guests*).

3. a. will buy : actif, c'est Romane qui achètera l'animal domestique.

4. b. is spoken : passif, pas de complément d'agent ici.

5. b. was given : passif, on m'a donné une bague ; pas de complément d'agent ici.

6. a. will repair : actif, c'est Sam qui réparera le portail.

Le gérondif (forme en *V-ing*)

50

☐ OK

Le gérondif, ou forme en *V-ing*, s'emploie très couramment en anglais.

I *V-ing* employé comme nom verbal

- Le gérondif peut s'employer comme nom verbal et se traduit alors le plus souvent par un infinitif. Il peut avoir plusieurs fonctions : sujet, attribut du sujet, complément d'objet.
  - **Smoking** is bad for your health. [sujet]
    Fumer est mauvais pour votre santé.
  - **Travelling** is so enriching. [sujet]
    Voyager est si enrichissant.
  - What I prefer is **cooking**. [attribut du sujet]
    Ce que je préfère, c'est cuisiner.
  - I don't like **waiting**. [co]
    Je n'aime pas attendre.
- Cette forme peut aussi se traduire par un nom.
  - Do you like **dancing**?
    Aimez-vous la danse ?
  - **Reading** is a good hobby.
    La lecture est un bon passe-temps.
  - She is studying **painting**.
    Elle étudie la peinture.

II Préposition + *V-ing*

- La forme en *V-ing* (gérondif) est utilisée après *about*, *after*, *before*, *by*, *from*, *of*, *without*, *for*, *in*, *to* (sauf *to* de l'infinitif).
  - I am not used **to getting up** early.
    Je n'ai pas l'habitude de me lever tôt.
  - He left **without telling** me.
    Il est parti sans me le dire.
  - I am looking forward **to meeting** you.
    Je suis impatient de vous rencontrer.
  - She is afraid **of driving** at night.
    Elle a peur de conduire la nuit.

For + V-ing exprime la cause, le motif après certains verbes comme *apologize, blame, congratulate, forgive, praise, punish, thank…*

I **apologized for being** late.
Je me suis excusé d'être en retard (de mon retard).

He **thanked** me **for sending** him flowers.
Il me remercia de lui avoir envoyé des fleurs.

III Verbe + *V-ing*

Sont suivis de *V-ing* :

- les verbes exprimant ce que l'on aime ou pas : *enjoy, like, love, hate, prefer…* ;

I **enjoy walking** in the woods.
J'aime marcher dans les bois.

I **hate swimming**.
Je déteste nager.

- les expressions suivantes : *how about, what about, I don't mind, I can't help, I can't bear, it is worth*.

I **don't mind** coming earlier.
Ça ne me dérange pas de venir plus tôt.

She **can't help** repeating.
Elle ne peut s'empêcher de répéter.

He **can't bear being** alone.
Il ne supporte pas d'être seul.

It **is worth trying**.
Ça vaut la peine d'essayer.

- les verbes exprimant le début, la fin ou la poursuite d'une action : *start, begin, continue, go on, keep, stop, give up…* ;

He **started laughing**.
Il commença à rire.

He **continued reading**.
Il a continué à lire.

It **stopped raining**.
Il s'arrêta de pleuvoir.

ATTENTION *Stop* et *start* peuvent aussi être suivis d'un infinitif mais pas avec le même sens. Comparez :

He **stopped smoking**.
Il a arrêté de fumer.

He **stopped to smoke**.
Il s'est arrêté pour fumer.

Infinitif (*to* + verbe) ou base verbale ?

51

☐ OK

Certains verbes anglais sont suivis de l'infinitif, d'autres seulement de la base verbale.

I Verbe + *to* + verbe

- Certains verbes sont suivis de l'infinitif (*to* + V), notamment : *advise, agree, ask, choose, decide, expect, force, hope, manage, wish, offer, promise, recommend, refuse, want*…

  - He **agreed to leave** later.
    Il était d'accord pour partir plus tard.
  - They **managed to rescue** him.
    Ils réussirent à le sauver.

REMARQUE Avec *want*, un complément peut s'insérer avant l'infinitif.

  - He **wants to work**. Il veut travailler.
  - He **wants** John (him) **to go** to the post office.
    Il veut que John (qu'il) aille à la poste.

- À la forme négative, il faut ajouter *not* devant l'infinitif.

  I **promised not to send** the letter.
  J'ai promis de ne pas envoyer la lettre.

II Verbe + base verbale

- *Make* + base verbale traduit l'idée que l'on fait faire quelque chose à quelqu'un. *Make* suppose la contrainte, la force.

  He **made her tidy up** her room.
  Il lui a fait ranger sa chambre.

- *Let* + base verbale traduit l'idée d'autorisation, de permission.

  His parents **let him stay** out late.
  Ses parents le laissent sortir tard le soir.

- *Help* + base verbale traduit l'idée de demander de l'aide à quelqu'un.

  Help me carry my luggage.
  Aide-moi à porter mes bagages.

Help + *to* + verbe est une tournure plus formelle.

Adjectif + préposition

52

☐ OK

Attention : la préposition en anglais est souvent très différente de son équivalent français.

about	of
angry about : mécontent de furious about : furieux de worried about : inquiet de certain about : certain de sorry about : désolé de crazy about : fou de concerned about : préoccupé par	(be) afraid of : (avoir) peur de tired of : fatigué de full of : plein de proud of : fier de (be) ashamed of : (avoir) honte de jealous of : jaloux de aware of : conscient de conscious of : conscient de capable of : capable de

at	on
good at : bon en bad at : mauvais en surprised at : surpris par angry at : contrarié par clever at : doué pour	(be) keen on : aimer/apprécier dependent on : dépendant de

for	to
famous for : célèbre pour responsible for : responsable de ready for : prêt à	similar to : similaire à contrary to : contraire à used to : habitué à polite to : poli avec married to : marié à

from	with
different from : différent de separate from : séparé de absent from : absent de	(be) angry with : (être) en colère contre satisfied with : satisfait de happy with : heureux de pleased with : content de covered with : couvert de surrounded with : entouré de

in
interested in : intéressé par disappointed in : déçu par involved in : impliqué dans

- He was **sorry about** his mistake.
  Il était désolé de son erreur.
- I'm **surprised at** her behaviour.
  Je suis étonné de sa conduite.

Verbe + préposition

53

☐ OK

Attention : la préposition en anglais est souvent très différente de son équivalent français.

1 Les principaux verbes

about

think about : réfléchir à
speak about : parler de
complain about : se plaindre de
worry about : s'inquiéter de
dream about : rêver de [vrai rêve]
hear about : entendre parler de

after

look after : s'occuper de

at

laugh at : se moquer de
look at : regarder
smile at : sourire à
stare at : dévisager

for

look for : chercher
apply for : postuler
wait for : attendre
send for : envoyer chercher
account for : expliquer
ask for : demander
pay for : payer
exchange something for : échanger qqch. contre

from

escape from : échapper à / s'échapper de
suffer from : souffrir de
borrow from : emprunter à
steal from : voler à
take from : prendre à
hear from : avoir des nouvelles de
prevent sb from : empêcher qqn de
separate from : séparer de

in

believe in : croire en
succeed in : réussir à / en
result in : aboutir à
participate in : participer à

into

divide into : diviser en
translate into : traduire en
run into : rencontrer par hasard

of

take care of : prendre soin de
dream of : rêver de [ce que l'on rêve d'être, de faire]
accuse of : accuser de
think of : penser à
remind sb of sth : rappeler qqch. à qqn
approve of : approuver
die of : mourir de

on

depend on : dépendre de
live on : vivre de
rely on : compter sur
concentrate on : se concentrer sur
put on : mettre (un vêtement)
spend time on : passer du temps à
spend money on : dépenser de l'argent en

to

belong to : appartenir à
listen to : écouter
compare to : comparer à
attend to : s'occuper de
consent to : consentir à

with

cover with : couvrir de
fill with : remplir de
agree / disagree with : être d'accord / pas d'accord avec
begin with : commencer par
deal with : traiter de
cope with : supporter
provide sb with sth : fournir qqch. à qqn

2 Quelques exemples

- He **applied for** an internship in my neighbour's company.
  Il a postulé à un stage dans la société de mon voisin.
- Could you please **translate** this document **into** English?
  Tu pourrais traduire ce document en anglais, s'il te plaît ?
- You **spend** too much time **on** video games.
  Tu passes trop de temps à jouer aux jeux vidéo.
- My pocket money **depends on** my school results.
  Mon argent de poche dépend de mes résultats scolaires.
- You can **rely on** your friends, can't you?
  Tu peux compter sur tes amis, n'est-ce pas ?
- Did you **compare** his essay **to** yours?
  Tu as comparé son exposé au tien ?
- Our teacher **provides** us **with** very interesting documents.
  Notre prof nous fournit des documents très intéressants.
- I **agree with** you on this point.
  Je suis d'accord avec vous sur ce point.

Les questions en *wh-*

54

☐ OK

Pour demander des renseignements, il faut savoir construire les questions en *wh-*.

I Structure d'une question en *wh-*

- Lorsqu'on pose une question, l'ordre des mots est : auxiliaire + sujet + verbe.

  Do you like tea?
  Est-ce que tu aimes le thé ? / Tu aimes le thé ?

- Lorsque le mot interrogatif est le sujet de la question, il n'y a pas d'auxiliaire ; l'ordre des mots est celui de la phrase affirmative.

  - **Who** came? [*who* est sujet]
    Qui est venu ?

II Les mots interrogatifs

Selon le cas, le mot interrogatif sert à interroger sur :

l'objet, l'activité → what	**What** will you do tomorrow?
la personne → who	**Who** do you work with? **Who** lives here? [*who* est sujet]
le possesseur → whose	**Whose** umbrella is it?
le lieu → where	**Where** do you come from?
la raison → why	**Why** is she late?
le moment → when	**When** will he come?
le choix → which	**Which** book is yours?
l'aspect → what ... like	**What**'s the weather **like**?
le but → what ... for	**What** are you calling me **for**?

NOTEZ BIEN

N'oubliez pas que la préposition se place en fin de question si elle accompagne le pronom interrogatif.

Who do you work **with**? Avec qui travailles-tu ?
What are you waiting **for**? Qu'attends-tu ?
What are you looking **for**? Que cherches-tu ?

Les questions en *how*

55

☐ OK

Plusieurs questions se forment avec le mot interrogatif *how*.

I *How* employé seul

How sert à interroger sur la manière.

How do you make an apple pie?
Comment fais-tu une tarte aux pommes ?

II *How* + adverbe ou adjectif

- *How* peut être combiné à des adverbes ou à des adjectifs.
  - **How often** does she play tennis?
    Est-ce qu'elle joue souvent au tennis ?
  - **How often** do you go the gym?
    Tu vas souvent à la gym ?
  - **How difficult** is this exercise?
    Cet exercice est-il difficile ?
- Selon le cas, *how* sert à interroger sur :

la quantité (+ indénombrable), le prix → how much	**How much** money did you spend? **How much** is this vase?
la quantité → how many	**How many** friends came to the party?
la distance → how far	**How far** is the bus station?
la durée, la longueur → how long	**How long** does the play last? **How long** is the table?
la fréquence → how often	**How often** do you go to London?
l'âge → how old	**How old** will he be?
la dimension → how big	**How big** is your house?
la largeur → how wide	**How wide** is the avenue?
la profondeur → how deep	**How deep** is the lake?
la taille → how tall	**How tall** is your sister?
le poids → how heavy	**How heavy** is the bag?
la hauteur → how high	**How high** is Mount Rushmore?

Les *tags* et réponses brèves

56

☐ OK

Un *tag* s'ajoute en fin de phrase pour demander une confirmation (*question tag*), exprimer une opposition, un accord...

I Les *question tags*

- Les *question tags* se forment en reprenant l'auxiliaire ou le modal de la phrase. Si elle n'en contient pas, on utilise *do, does, did*. Le sujet du *question tag* doit être un pronom personnel.
  - You can drive, **can't you**?
    Tu sais conduire, n'est-ce pas ?
  - Mary lives in New York, **doesn't she**?
    Mary habite à New York, n'est-ce pas ?
- Ils servent à demander confirmation et se traduisent en français par « n'est-ce pas ? ».

phrase affirmative	→	tag **négatif**
She is French,		isn't she?
Peter lives in London,		doesn't he?
The teacher repeated the lesson,		didn't she?
Your friend has bought a dog,		hasn't he?
The champion can jump high,		can't he?
phrase négative	→	tag **affirmatif**
He isn't French,		is he?
Your sister didn't visit Barcelona,		did she?
We haven't met her cousin,		have we?
Helen can't speak German,		can she?
Allison won't do it,		will she?
They hadn't seen it before,		had they?

II Les *tags* de contraste

Ces *tags* expriment l'opposition, la différence.

phrase affirmative	→	tag **négatif**
Paul smokes,		(but) Henry doesn't.
Ann isn't American,		(but) Amanda is.

III Les *tags* de conformité (*So/Neither*)

- Ils servent à exprimer l'accord.

So avec une phrase affirmative : « moi aussi », « toi aussi ».
Neither avec une phrase négative : « moi non plus », « toi non plus ».

- L'ordre des mots est : *So/Neither* + auxiliaire ou modal + sujet.

  • They like swimming. **So does Cathy.**
  Ils aiment nager. Cathy aussi.

  • Tom visited Hong Kong. **So did Hugo.**
  Tom a visité Hong Kong. Hugo aussi.

  • He won't come. **Neither will I.**
  Il ne viendra pas. Moi non plus.

  • I haven't eaten. **Neither has Ben.**
  Je n'ai pas mangé. Ben non plus.

IV Traduire « Ah bon ? », « Ah oui ? », « Vraiment ? »

Les réponses brèves sous forme de questions expriment l'étonnement ou le doute sur ce qui vient d'être affirmé.

phrase affirmative	→	**réponse brève affirmative**
I'm so hungry.		Are you?
It's too hot here.		Is it?
My brother was ill.		Was he?
She cooks so well.		Does she?
John travelled around the world.		Did he?
I have got a new bike.		Have you?
phrase négative	→	**réponse brève négative**
I don't like this restaurant.		Don't you?
Jane didn't meet them.		Didn't she?
He hasn't written to me.		Hasn't he?
I can't do it.		Can't you?
We won't sign the document.		Won't you?
She doesn't eat meat.		Doesn't she?

Les pronoms relatifs

57

☐ OK

Pour savoir quel pronom relatif employer, il faut identifier l'antécédent (le mot que le relatif représente) et la fonction (sujet ou complément) du pronom relatif.

I Who, which, that, Ø, whose

Les pronoms relatifs sujets

antécédent animé	antécédent inanimé
• who The girl **who** is there is my friend. • that The girl **that** is there is my friend. La fille qui est là est mon amie.	• which He wears a tie **which** suits him. • that He wears a tie **that** suits him. Il porte une cravate qui lui va bien.

Les pronoms relatifs COD

antécédent animé	antécédent inanimé
• who(m) The man **who(m)** you love is my friend. • that The man **that** you love is my friend. • Ø The man **Ø** you love is my friend. L'homme que tu aimes est mon ami.	• which The tree **which** I planted is short. • that The tree **that** I planted is short. • Ø The tree **Ø** I planted is short. L'arbre que j'ai planté est petit.

Le pronom relatif complément du nom (« dont »)

antécédent animé	antécédent inanimé
• whose I work with a man **whose** son is an actor. Je travaille avec un homme dont le fils est acteur.	• whose The house **whose** gate is yellow is Paula's. La maison dont le portail est jaune est celle de Paula.

II What, which : « ce qui », « ce que »

- *What* annonce quelque chose qui va être énoncé.

  What strikes me is the way she speaks.
  Ce qui me frappe, c'est la façon dont elle parle.

- *Which* reprend ce qui a été énoncé.

  She is late, **which** is unusual.
  Elle est en retard, ce qui est inhabituel.

III Why, when, where

Why, when et *where* peuvent introduire une subordonnée relative.

She walked to school. That's the reason **why** she arrived late.
Elle est allée à l'école à pied. C'est pour ça qu'elle est arrivée en retard.

NOTEZ BIEN

the place where : l'endroit où

the day when : le jour où

the reason why : la raison pour laquelle

IV Les composés avec *-ever*

Whoever, whenever, whatever et *wherever* permettent d'exprimer une généralisation.

• whoever : **qui que ce soit**
Whoever he is, I won't speak to him. Qui que ce soit, je ne lui parlerai pas.
• whenever : **chaque fois que**
Whenever he sees her, he's happy. Chaque fois qu'il la voit, il est heureux.
• whatever : **quoi que (n'importe quelle action)**
I agree with you **whatever** you decide. Je suis d'accord avec toi, quoi que tu décides.
• wherever : **partout où, où que**
She'll follow him **wherever** he goes. Elle le suivra où qu'il aille.

Discours direct et discours indirect

58

☐ OK

**Le discours direct est la forme des échanges dialogués.
Le discours indirect est la forme des paroles rapportées.**

I Le discours direct

Avec le discours direct, on rapporte les **paroles** de quelqu'un **telles quelles**, on ne fait que les citer.

He says: "I love you."
Il dit : « Je t'aime. »

II Le discours indirect

- Avec le discours indirect, ces mêmes paroles sont **rapportées** par le biais d'un **verbe introducteur**.

He says he loves me.
Il dit qu'il m'aime.

Remarque Les **pronoms personnels** et les **adjectifs possessifs** changent.

- Le **verbe d'introduction** peut varier. On trouve notamment :

- tell sb sth : dire qqch. à qqn
- say sth (to sb) : dire qqch. (à qqn)
- answer : répondre
- exclaim : s'exclamer
- mention : mentionner
- think : penser
- suggest : suggérer
- advise : conseiller
- order : ordonner
- wonder : se demander

III Les questions indirectes

Au discours indirect, la question est construite comme une phrase affirmative. Il n'y a **ni *do/does/did* ni point d'interrogation**.

- Avec une question en *wh-*, le **mot interrogatif** reste le même.

He asked: "**When** did she call?"

→ He asked **when** she had called.

- Si c'est une **question sans mot interrogatif**, il faut utiliser *if* ou *whether*.

He asked me: "Do you live in London?"

→ He asked **if** /**whether** I lived in London.

IV La concordance des temps

Le temps des paroles rapportées est transformé si on rapporte des paroles en les introduisant par un verbe au passé.

John: "I work with Peter." → John **said** he **worked** with Peter.

DISCOURS DIRECT	DISCOURS INDIRECT
présent	**prétérit**
He said: "I **live** alone."	He said he **lived** alone.
présent en be + V-ing	**prétérit en be + V-*ing***
He said: "I **am living** alone."	He said he **was living** alone.
prétérit	**pluperfect**
He said: "I **saw** the Queen."	He said he **had seen** the Queen.
present perfect	**pluperfect**
He said: "I **have lived** alone."	He said he **had lived** alone.
expression du futur	**conditionnel**
He said: "I'**ll write** soon."	He said he **would write** soon.

Notez les changements de repères suivants quand le verbe introducteur est au passé.

discours direct	discours indirect
here	there
today	that day
yesterday	the day before
tomorrow	the day after, the next day
next week	the following week
last week	the week before
a week ago	a week before

She said: "I saw them **yesterday**."

→ She said she had seen them **the day before**.

Elle a dit : « Je les ai vus hier. »

→ Elle a dit qu'elle les avait vus la veille.

La concordance des temps avec *if*

59

☐ OK

Quand on utilise une subordonnée introduite par *if*, il faut respecter des règles de concordance des temps.

I *If* + présent avec l'expression du futur

If + présent, avec l'expression du futur (dans la principale), exprime une hypothèse réalisable.

If it **rains**, we'**ll stay** at home.
S'il pleut, nous resterons à la maison.

II *If* + prétérit avec le conditionnel présent

If + prétérit, avec le conditionnel présent (*would* + base verbale dans la principale), exprime une situation imaginaire, non réelle, hypothétique, peu probable. Le prétérit ici n'indique pas le passé, mais le non-réel (dans le présent).

If I **had** money, I **would travel** round the world.
Si j'avais de l'argent, je parcourrais le monde.

NOTEZ BIEN

Avec le verbe *be*, il faut utiliser *were* à toutes les personnes. *Were* n'exprime pas le passé : c'est un prétérit modal indiquant le non-réel.

If I were you, I would call her.
Si j'étais toi/À ta place, je l'appellerais.

III *If* + *past perfect* avec le conditionnel passé

If + *past perfect* avec le conditionnel passé (*would have* + participe passé dans la principale) exprime une hypothèse et sa conséquence au passé et renvoie au non-réel dans le passé.

- If we **had left** earlier, we **wouldn't have missed** the train.
  Si nous étions partis plus tôt, nous n'aurions pas raté le train.
- If I **had seen** her, I **would have invited** her.
  Si je l'avais vue, je l'aurais invitée.

Les adverbes

60

☐ OK

Les adverbes modifient ou précisent le sens d'un verbe ou d'un adjectif.

I Les adverbes de manière

- Adjectif + *-ly* : careful → **carefully**, slow → **slowly**, bad → **badly**.
- Orthographe des adverbes formés à partir des adjectifs en *-y* : happy → happ**ily**, easy → eas**ily**.

ATTENTION Friendly est un adjectif et non un adverbe. « Amicalement » se dit *in a friendly way*.

- L'adverbe qui correspond à *good* est **well**.

II Les adverbes de fréquence

- Voici les principaux adverbes de fréquence.
  - always : toujours
  - never : jamais
  - usually : habituellement
  - rarely, seldom : rarement
  - sometimes : quelquefois
  - hardly ever : presque jamais
- Les adverbes de fréquence se placent avant le verbe, mais après *be*.
  - I **often** drink tea. Je bois souvent du thé.
  - I am **never** late. Je ne suis jamais en retard.
- En début de phrase, *sometimes* marque l'insistance.

Sometimes she works all night.
Quelquefois, elle travaille toute la nuit.

III Les adjectifs à valeur adverbiale

Certains adjectifs peuvent jouer le rôle d'adverbes, notamment :

- fast : rapide, rapidement
- early : matinal, tôt
- late : tardif, tard, en retard
- hard : dur, durement

ATTENTION *Hardly* signifie « à peine ». Comparez ces deux exemples.

- He can **hardly** speak.
  Il peut à peine parler.
- He works **hard**.
  Il travaille dur.

Les mots de liaison (1)

61

☐ OK

Les mots de liaison permettent d'exprimer des relations logiques entre deux propositions : le temps, la cause, la conséquence, le but…

I Le temps

while	pendant que
as soon as	dès que, aussitôt que
since	depuis (que)
once	une fois que
till, until	jusqu'à ce que
after	après que
before	avant que

- She was reading **while** I was cooking.
  Elle lisait pendant que je cuisinais.
- He's been married **since** 2003.
  Il est marié depuis 2003.
- My friend has been studying Italian **since** she visited Venice.
  Mon amie étudie l'italien depuis qu'elle a visité Venise.
- You'll get a receipt **once** you've paid for the T-shirt.
  Vous aurez un reçu une fois que vous aurez payé le T-shirt.
- Take the dog out **as soon as** you've finished your homework.
  Sors le chien dès que tu auras terminé tes devoirs.

II La cause

because of	à cause de
due to, owing to	en raison de
as	comme
because	parce que
since [en début de phrase]	puisque

- **As** he was late, he took a taxi.
  Comme il était en retard, il a pris un taxi.
- He took a taxi **because** he was late.
  Il prit un taxi parce qu'il était en retard.
- **Since** you're strong, help me carry my bag.
  Puisque tu es forte, aide-moi à porter mon sac.

III La conséquence

consequently, therefore so that so... that that's (the reason) why	par conséquent, donc de sorte que tellement... que c'est pourquoi

- There was a strike; **therefore** they missed their plane.
  Il y avait une grève, par conséquent ils ratèrent leur avion.
- He lied to his teacher, **so that** he was punished.
  Il a menti à son professeur, de sorte qu'il fut puni.
- I was **so** tired **that** I went to bed at 9.
  J'étais si fatigué que je me suis couché à 9 h.
- The government decided to shut down the mines, **which resulted in** unemployment.
  Le gouvernement a décidé de fermer les mines, ce qui a entraîné du chômage.
- **That's (the reason) why** I refused to follow them.
  C'est la raison pour laquelle j'ai refusé de les suivre.

IV Le but

to, in order to, so as to	pour, afin de

- The neighbour dropped in **to** get some milk.
  Le voisin est passé pour prendre du lait.
- He stopped the car **in order to** get some gas.
  Il arrêta la voiture afin de prendre de l'essence.
- We flew to London **in order to** meet our cousins.
  Nous avons pris l'avion pour Londres afin de rencontrer nos cousins.
- I took the taxi **so as to** be on time.
  J'ai pris un taxi afin d'être à l'heure.

Les mots de liaison (2)

62

☐ OK

Les mots de liaison permettent d'exprimer des relations logiques entre deux propositions : l'addition, le contraste, la condition, la comparaison...

I L'addition

moreover, furthermore	de plus, en outre
also, too, as well	aussi, également
in addition	en outre, de plus
besides	d'ailleurs

- He's too young and **besides** he has no qualifications.
  Il est trop jeune et, de plus, il n'a pas de qualifications.
- She doesn't wish to work in Spain. **Furthermore** she doesn't speak Spanish.
  Elle ne veut pas travailler en Espagne. De plus, elle ne parle pas espagnol.

II Le contraste, l'opposition, la concession

however	cependant, toutefois
nevertheless	néanmoins
otherwise	sinon
conversely	inversement
though, although	bien que
whereas	alors que

- The year has been difficult. **However** the results are good.
  L'année a été difficile. Cependant, les résultats sont bons.
- He failed his exam. **Nevertheless** he was not discouraged.
  Il a raté son examen. Néanmoins, il ne s'est pas découragé.
- Hurry up, **otherwise** you'll be late.
  Dépêche-toi, sinon tu seras en retard.
- **Although** he lives alone, he doesn't look sad.
  Bien qu'il vive seul, il n'a pas l'air triste.
- She is rich and famous, **and yet** she isn't happy.
  Elle est riche et célèbre et cependant elle n'est pas heureuse.
- Matthew speaks French **whereas** his brother doesn't.
  Matthew parle le français alors que son frère ne le parle pas.

III La condition

provided, as long as unless	à condition que, du moment que à moins que

- You can go out, **provided** you come back at 10.
  Tu peux sortir à condition que tu rentres à dix heures.
- You can borrow my car **as long as** you came back before 5 pm.
  Tu peux emprunter ma voiture à condition que tu reviennes avant 5 heures de l'après-midi.
- You can stay here **unless** you make too much noise.
  Tu peux rester ici, à moins que tu ne fasses trop de bruit.
- **If** you **worked** more, you **would pass** your exam.
  Si tu travaillais plus, tu réussirais ton examen.
- **If** I **were** you, I **would do** the same.
  Si j'étais à ta place, je ferais la même chose.

IV La comparaison

unlike as as if, as though in comparison with	contrairement à comme comme si en comparaison avec, par rapport à

- **Unlike** his brother he is interested in travelling abroad.
  À l'inverse de son frère, voyager à l'étranger l'intéresse.
- **As** a journalist, he travels round the world.
  Comme journaliste, il voyage à travers le monde.
- You look **as though** you haven't slept much.
  Tu as l'air de ne pas avoir beaucoup dormi.
- The quality of this scarf is bad **in comparison with** its price.
  La qualité de cette écharpe est mauvaise par rapport à son prix.

Quiz EXPRESS 63

Avez-vous bien révisé les fiches 50 à 62 ? On vérifie !

Réviser : la phrase

1 *To* + verbe, *V-ing* ou base verbale ?

▶ FICHES 50 ET 51

1. This detective story is worth (read) ....; I loved it!
2. The teacher wants me (do) .... the exercise again.
3. The coach made us (train) .... hard for the tournament.
4. (swim) .... is good for our health.
5. We are not used to (drive) .... at night.
6. The firemen managed (put out) .... the fire.

2 Choisir le bon mot interrogatif

▶ FICHES 54 ET 55

1. .... do you call Mary? I usually call her once a week.
2. .... does the new girl look ....? Well, pretty!
3. .... did you play ....? With John, my new neighbour.
4. .... will your father be? He'll be 45 next week.
5. .... glass is yours? The red one on the table.
6. .... is this perfume? 35 euros.
7. .... rice would you like? Just a little please.
8. .... did you go to the supermarket ....? To buy eggs.

3 *If*

▶ FICHE 59

1. If I had left earlier, I (catch) .... the train.
2. I (change) .... my mind if I were you.
3. If it (rain) ...., we won't go to the beach.

4 *Since, although, unless* ou *in spite of* ?

▶ FICHES 61 ET 62

1. He will come with us .... he has too many things to do.
2. .... it was crowded, we managed to get on the bus.
3. The baby could sleep .... the noise.
4. .... I am late, I'll take a taxi.

CORRIGÉS

1 *To* + verbe, *V-ing* ou base verbale ?

1. reading : *be worth* + *V-ing.*
2. to do : *want somebody to do something.*
3. train : *make someone* + base verbale.
4. Swimming : ici, le gérondif (*V-ing*) est employé comme nom.
5. driving : *used to* + *V-ing.*
6. to put out : *manage* + infinitif complet.

2 Choisir le bon mot interrogatif

1. How often : interroge sur la fréquence.
2. What ... like : interroge sur l'aspect.
3. Who ... with : *who* interroge sur la personne. Ici, *with* est en fin de question.
4. How old : interroge sur l'âge.
5. Which : interroge sur le choix.
6. How much : interroge ici sur le prix.
7. How much : dans cette question, interroge sur la quantité.
8. What ... for : interroge sur le but, on répond avec *to* + verbe.

3 *If*

1. would have caught : *if* + *past perfect*, la principale est au conditionnel passé (*would have* + participe passé).
2. would change : *if* + prétérit avec le conditionnel présent.
3. rains : *if* + présent avec l'expression du futur.

4 *Since, although, unless* ou *in spite of* ?

1. unless : exprime la condition (à moins que).
2. although : exprime l'opposition (bien que).
3. in spite of : exprime la concession (malgré).
4. since : exprime la cause (puisque).

Achevé d'imprimer en Italie par L.E.G.O. S.p.A. à Lavis
Dépôt légal n° 06176-7/01 – Novembre 2019